マヤ暦のすごい誕生日

Akemi
木田景子[監修]

三笠書房

はじめに　私の人生を変えた、マヤ暦のすごいパワー

「なんでこんなにツライことばかり起こるのだろう……」

「私の人生って、ずっと低空飛行のままなのかな……」

「お金はあるけど、なにか物足りない」

「うすっぺらい人間関係はもうイヤ。本当の人間関係がほしい」


あなたも、こんなことを考えるときはありませんか？

「人生、山あり谷あり」とは言うけれど、谷底に落ちているときはこれが一生続くんじゃないか……、と絶望的な気分になることもありますよね。

逆に幸せであっても「今の幸せは続かないかもしれない」「こんなに幸せでバチが当たらないかな」と不安がまとわりついてきます。

そんなとき「私って、本当はどんな人なんだろう」「自分の知らない自分を知り

たい」と思いませんか？　「もっともっと飛躍したい」「胸が熱くなるような経験をしたい」「もっと愛し、愛されたい」……。そんな魂から、心からふるえる**「本当の自分」を見つけるきっかけが、「もうひとつの誕生日」の中に隠されています。**

今までの誕生日が、肉体のバースデーだとしたら、これからお伝えする**「もうひとつの誕生日」は「魂の誕生日」です。**

私はマヤンレメディ　エグゼクティブプランナーのＡｋｅｍｉ（あけみ）です。

「はじめまして」とご挨拶したいところですが、実は「はじめまして」ではないのです。「お久しぶり、元気だった？」

「そんなこと言われても、知らない人だし、会ったこともないし……」と、つぶやいた方もいらっしゃるでしょう（笑）。

マヤ人の挨拶を、現代の英語で表現すると　**I'm glad to see you again !**（再会できて、嬉しい！）となります。今生《こんじょう》で出会うすべての人は、一度どこかで時間をともにし、分かち合った大切な仲間であり、家族であるという意味です。

そうなんです！　この本を手にしたあなたとは、一度、いえ、何度も運命を共にしてきた仲なんです（新手の詐欺ではありませんのでご安心を）！

改めて、あなたと会えてとても嬉しいです！

お久しぶりです。お元気でしたか？


私はマヤ暦を通じて、みなさんの強みや特徴を引き出し、人生の意味をひも解き、夢をかなえるお手伝いをしています。これまでに診断した方は３０００人以上。

最初は暗い表情をしていた方が、帰る頃にはすっかり笑顔に変わることも多いです。

その様子を見るたびに、心底「この仕事をしていて良かった！」と思います。


マヤ暦というと、占いのイメージが強いかもしれません。ですが、**マヤ暦は数字に込められたエネルギーやメッセージを読み解く「学問」だと私は思っています。**

西洋占星術やタロットでもわからないことまで、ひも解けてしまうのです。

私自身、マヤ暦によって人生を大きく好転させてもらったひとりです。

ここで少し私の話をさせていただきますね。

幼少時代は気は強いものの身体は弱く、活発ではあってもどこか寂しさを抱えていました。家庭環境は決して円満ではなく、いつも両親や大人たちの顔色をうかがって「いい子」でいようとしていたのです。

20代で結婚して子どもにも恵まれ、夫の会社も順調に拡大。お金に困ることはなく、結婚に対するいいイメージがなかった私には、大きな心の変化がありました。

ところが……、35歳を過ぎたあたりから、まるで坂道を転がるように、次々と不幸が訪れたのです。

子宮がんに脳梗塞《のうこうそく》、そして白血病……と、度重なる病気に、夫とのすれ違い、夫の会社の倒産、借金、そして離婚。まさにどん底です。

そんな生きる気力すらなくしていたとき、マヤ暦と出合ったのです。実はマヤ暦とは3度目の出合いでした。

1度目は、知り合いの宝石商の女性から「この人に習うといいよ」と、マヤ暦に詳しい男性を紹介されました。けれど、一目見て「なんだか怪しすぎる……。絶対にだまされる！　宝石を買わされる！」と思い、速攻で断って逃げました（笑）。

2度目は、お茶の先生が「あなた、商売をしているなら知っておいたほうがいいわよ」とマヤ暦をすすめてくれました。けれど、そのときの私は二人の息子を育てるのに必死すぎて、とてもマヤ暦の勉強をする余裕などありませんでした。「また今度ぜひ」と、後回しにしてしまったのです。

そして、3度目です。まさに「三度目の正直」で、「マヤ暦」という言葉を友達から聞いたとき、「またか」と思いました。けれどその前から、なぜかマヤ暦の文字をやたらと目にするようになっていました。SNSを開くといつもマヤ暦の広告が上がってくるのです。だから、友達から話があったとき、「ここまで『マヤ暦』のことを見たり聞いたりするのは、きっとなにか意味があるはず」と思ったのです。どん底だった私は藁《わら》にもすがる思いで、マヤ暦の先生のところに行きました。

すると……、**自分がどん底になった理由が恐ろしいほどわかったのです。**

私は結婚してから、なんの問題もない生活を送っている、と自分では思い込んでいました。でも実際には、ずっと**「本当の自分」を押し殺し、違う自分を「演じて」いた**ことに気づいたのです。

結婚後にわかった2500万円の借金のせいで、毎日の食費を数百円でやりくりするようなお金の苦労のため、いつの間にかお金を追い求めるようになりました。

お金を手にしてからは、周囲から「社長夫人」と呼ばれたため、人目が気になりました。「いい妻、いい母、いい娘、いいお嫁さん」と言われたい、言われなければならない……。当時の人間関係の中では「本当の私」ではなかったと思います。夫は忙しくて常に不在。本当はお金より家族との団らんを望んでいたのに。自分の気持ちを偽り、幸せを装い、いつの間にか私は大切な子どもたちや家族を傷つけ、私自身も裏切っていたのです。

マヤ暦でさまざまな過去をひも解くと、これらのことをだんだんと思い出しました。「そうか、私はこんな生活を望んでいなかったんだ」。そして、「ああ、私は本当の自分にフタをしてきたから、病気になったのだな」と大きく合点がいきました。

私の言う病気は肉体だけでなく、心や経済（お金）の病も含んでいます。

そこからマヤ暦を本気で勉強し、「本当の自分」に沿った生き方をするようになると、病気もみるみる回復しました。さらには、巨額の借金も無事に完済できたのです。今では誰かに頼ることなく、好きな仕事をして、好きな人たちに囲まれて、どん底時代には想像もつかないほど楽しく暮らすことができています。

大切な子どもたちとの距離も縮まり、友人や同志のような良好な関係に激変しました。元夫との関係も、離婚後のほうが仲良しになったほどです。

もしあのとき、マヤ暦に出合っていなかったら、ここまで明るい人生にはなっていなかったと思います。**マヤ暦との出合いが大きな転換期になったのです。**

もし今、人生に悩んでいたり、「もっと違う人生を歩みたいな」と思っていたりしたら、ぜひ本書を読んでください。

・自分が知らなかった「本当の自分」
・自分が向いていること

・人間関係を円満にするコツ
・お金とのつき合い方

マヤ暦からは、こんな**具体的なこと**がわかるのです。

毎日が楽しくなり、**次にやるべきこと**も自然に見えてきます。

今の世の中、本当に頑張りすぎるくらいに頑張っている人が多いように思います。でも、その頑張りを正しい方向に使わないと、いくらやってもやっても思うように進まないことも多いのです。その**「道しるべ」**となるのが、マヤ暦です。

自分のことを調べたら、次は家族、パートナー、友達、同僚、上司などのことも見てみましょう。それから、ぜひ苦手な人、嫌いな人のことも調べてみるといいですよ。「あの人は本当はこんな人なんだ」ということがわかると、自然と見え方やつき合い方も変わってきます。すると嫌いな人や苦手な人がいなくなって、しまいには周りは好きな人でいっぱいになります。とても生きるのが楽になりますよ。

これは、私が実際に体験し実感したことなので、保証済みです！

大事なことは、読むだけで終わりにしないことです。

ひとつでも気になることがあったら、それをぜひ実行に移しましょう。

それがあなたを変える**偉大な一歩**になるはずです。

「マヤ暦」のパワーをめいっぱい自分の中に取り入れてください。

あなたはもうすでに、マヤ暦の持つパワーを蓄えはじめています。

あなたが今、抱えている病（肉体、心や魂、経済やお金）は必ず治ります。どん底にいるあなたも、もっともっと輝きたいあなたも、この本を手にした以上、もう後戻りはできません！

幸せになる準備はできていますか？

読み終わる頃には、パワー全開のあなたに生まれ変わっているかもしれません。

読み終わるまで、しっかり私が伴走させていただきます！

それでは、スタート！

Akemi

Contents

2章　マヤ暦があなたの「財運」を爆上げします！

3章 太陽の紋章から「本当の自分」が見えてくる!

4章 あなたの過去・現在・未来のマヤバースデーを見つけよう！

企画協力　糸井 浩
執筆協力　柴田恵理
本文イラスト　ツルモトマイ
本文DTP　株式会社SunFuerza

1章

マヤ暦が教えてくれる「最高の自分」と「進むべき道」

「もうひとつの誕生日」が、あなたの運命を導く

みなさんの「誕生日」はいつですか？

「なぜ私は、この日に生まれてきたのだろう？」と考えたことはありませんか？

一説によると、誕生日は**「自分で選んでいる」**とも言われています。

そして、私たちには、今知っている誕生日のほかに「もうひとつの誕生日」があるのをご存じでしょうか？

それが**「マヤバースデー」**です。

マヤバースデーとは、マヤ人が使っていた「マヤ暦」上の誕生日で、マヤ暦から割り出された、あなたを表わすナンバー（1から260まで）の日とも言えるものです。

紀元前2000年頃から16世紀頃にかけて、今のメキシコやグアテマラあたりの中央アメリカには、マヤ人と呼ばれる人たちがいました。

そして、**マヤ文明**という独自の文明を発展させたのです。マヤ人って、すごく賢かったんですよ！

大河のない地域で独自の知恵で文明を発展させ、紀元前から「マヤ文字」という独自の文字を使い、高度な都市文明を形成してピラミッド神殿を建築しました。

また、人類の歴史上もっとも革新的な「0」を発見したのもマヤ人です。

また、マヤ人は**非常に高度で正確な天文学の知識**を持っていて、太陽や月などの動きからその周期を割り出して「暦」をつくりました。それがマヤ暦です。

マヤ人は約17種類の暦を使用していましたが、そのうちのひとつ、マヤの神官が使っていたとされるのが**「ツォルキン暦」**です。以下、この暦をマヤ暦と呼びます。

マヤ暦では1年を260日と考えました。今、私たちが使っているグレゴリオ暦は1週間が7日、1月から12月までの52週で1年は365日ですが、**マヤ暦では1週間は13日、1年は13日×20週で260日です。**マヤバースデーのナンバーが1から260までというのも、1年が260日だからです。

マヤ人は、暦の1日1日それぞれに深い意味があり、毎日異なるエネルギーが込められていると考えて、**「その日の意味」**をとても大事にしてきました。たとえば、「この日に種まきをするといい」「この日は、作物を収穫するのがふさわしい」など、その日のエネルギーに合わせた行動を取ってきたのです。マヤ暦は自然と一体となって時を刻んでいるところから、別名**「宇宙暦」**とも言われます。マヤ人はこの暦を大事にして、自然を味方につけて豊かな暮らしを営んでいたのです。

マヤバースデーに隠されたメッセージ

マヤ人は「誕生日」にも、大きな意味があると考えました。

1日1日には、それぞれ異なるエネルギーや意味が込められています。

そして、私たちは**生まれた「その日」のエネルギーをめいっぱい吸い込んで、この世に生まれてきた**のです。

ということは、自分が生まれた日を見れば、「どんな課題を持って生まれてきたのか？」「自分はどんなエネルギーを持っているのか？」などがわかるのです。

つまり、「マヤバースデー」が「本当の自分」を教えてくれるということ。

マヤバースデーは、いわば「自分の取扱説明書」なのです。

詳しく見てみると、マヤバースデーは自分の目に見える特性や今生《こんじょう》の課題を表わす**「太陽の紋章」**、潜在意識や目に見えない部分を表わす**「ウェイブスペル」**、自分の波長やリズムを示す**「銀河の音」**から成り立っています。

一つひとつを説明すると少し複雑になるので、この本では主に「太陽の紋章」を中心にご紹介していきたいと思います。

取扱説明書を読んでおけば、正しい操作方法や想定されるトラブルとその対処法、それにお手入れの方法なんかもすぐにわかります。

取扱説明書は商品ごとに異なりますよね。それを読まずに勝手に動かしてしまうと、誤った使い方をして壊してしまうこともあるでしょう。トリセツを読んでから使うことで、より効率的に、パフォーマンス良く動かすことができます。

同じように、自分の「マヤバースデー」に込められた意味をあらかじめ知ることで、**「自分は、どんなことができるのか？（自分の課題、宿命）」「自分に起こりやすいトラブルとその対処法」**などが全部わかるのです。

すると、自分の課題をよりスムーズにクリアでき、間違った方向に進んだときにも、軌道修正して本来の道に立ち返ることもできるというわけです。

マヤバースデーという自分のトリセツを読んで、活用しない手はありません！

マヤバースデーが教えてくれる、あなたの秘密

私たちがふだん使っている「誕生日」は「○月○日」と固定されていて、毎年同じ月日ですね。

ですが、マヤバースデーは1年が260日のマヤ暦を1年が365日の現在の暦に当てはめるため、**毎年変わる**という特徴があります。

マヤバースデーは、**「KIN（キン）ナンバー」**の日でもあります。

「キン」とは、「その日1日」「その人ひとり」「運命」「宿命」という意味です。

マヤバースデーから、ふたつのことがわかります。

ひとつは、**その日に生まれた人の性質や特性です。**

「私のＫＩＮナンバーは28だから太陽の紋章は黄色い星。こんな特性があって、こんな課題があるんだ」と自分への理解を深めたり、「あの人のＫＩＮナンバーは50だから、あんな性格で考え方の特徴はこんな感じなのね」と、他人を理解するのに役立てることができます。

もうひとつは、**「自分のオーダーがもっとも宇宙に通りやすい日」**だということです。なぜなら、マヤバースデーはあなたの**「最強のラッキーデー」**だからです。

このように、ＫＩＮナンバーを把握しておけば、自分や他人のこともよくわかるし、宇宙に自分の願いを最短で届けることができるのです。

１０２ページを見ながら、自分のＫＩＮナンバーを割り出してみましょう。

そして第４章の**マヤカレンダー**を見れば、何年の何月何日が自分のマヤバースデーなのかがわかります。忘れずにチェックしましょう！

マヤバースデーにやってほしい3つのこと

マヤバースデーは、最強のパワーに満ちた「特別な日」です。

マヤバースデーは基本的に年に1回、年によっては2回訪れることもあります。

過去、今年、そして未来の自分のマヤバースデーは、第4章の「マヤカレンダー」で調べることができます。

ちなみに52歳のマヤバースデーは、現在のグレゴリオ暦の誕生日と必ず重なります。不思議ですが、実際そうなんです！

52歳はマヤ暦では還暦に当たるのですが、毎年のマヤバースデーの中でも52歳のマヤバースデーのパワーはもっとも強烈です。このパワーを利用しない手はありませんね。

過去のマヤバースデーに起こった出来事は、実はあなたの**人生の転機**になっていることが多いです。マヤバースデー当日の出来事はすべて、あなたが**あなたらしくなるために起こっていること**なのです。

「あの日、偶然あの人に会ってから人生の流れが変わった」「あの日にやった仕事が、今の自分の成長につながっている」など、マヤバースデーには人生を変える強いパワーが宿っているのです。

このような最高の運気を確実に活かすために、マヤバースデー当日にやってほしいことがあります。それは、次の3つです。

①「なりたい自分」を宣言する
②自分を思いっきり愛《め》でてあげる
③神社にお参りして、おみくじを引く

①「なりたい自分」を宣言する

「自分はインテリアデザイナーとして活躍したい」「将来、会社を起業したい」「恋人にプレゼントするジュエリーがほしい」「一年の半分は海外で暮らしたい」……などなど、**遠慮なく宇宙に宣言しましょう。**

この日は、宇宙へのオーダーがもっとも届きやすい日です。ファストフード並みに、オーダーがあっさり通るかもしれませんよ（笑）。

マヤバースデー当日までに、宣言する内容をぜひ考えておきましょう。

また、当日わき起こった**「感謝の気持ち」**も書き留めておきましょう。

私たちが作成している**マヤ暦の手帳**（マヤンアムレット）を使って、書き込むのをおすすめします。

②自分を思いっきり愛でてあげる

この日は今まで以上に、自分を労《いた》わり、大切にし、愛してあげましょう。

自分に対して思いっきり優しくして、甘やかしてあげてください。他人の目を気にすることなく自分の好きなことをしたり、好きなものを食べたり……。

マヤバースデーには、とっておきのお誕生日ケーキを買って食べることにしている、という方もいます。

③ 神社にお参りして、おみくじを引く

マヤバースデーの当日は、ぜひ近所の神社を訪れて参拝してください。そして、おみくじを引いてほしいのです。

おみくじに書かれている内容は、**宇宙からあなたへの大切な「メッセージ」**です。


そのほか、マヤバースデーに自分の親に電話するという方もいらっしゃいます。

友人のYさんは、自分のお父様のお墓参りの日が偶然、Yさんのマヤバースデーだったそうです。きっと、お父様がYさんを心から愛していたからでしょう。

もしも自分にとって不都合なこと、イヤなことがマヤバースデーに起きた場合は、**「もう少し自分を大切にしてね」**という特別なメッセージかもしれません。

1年＝260日にひそむ不思議

マヤ暦の1年は365日ではなく260日ですが、この「260」という数字には深い意味があります。

実は260日というと、女性の妊娠期間と同じなのです。

マヤ暦は宇宙と自然が一体化した暦だとお伝えしましたが、まさに**自然の摂理と密接に関係している**ことがわかります。

私たちの呼吸は、正常な状態で1日に約2万6000回だと言われています。2600の100倍ですね。

海の波の周期も同じく1日に2万6000回だそうです。潮の満ち引きは月の引力が関係していると言われていますが、こんな自然現象とつながることにも、不思議さを感じますね。

数字には人を動かすパワーがある

言葉は国によって違いますよね。日本語のほか、英語、スペイン語、フランス語、ドイツ語、中国語、韓国語、ポルトガル語などなど……世界には数多くの言語があって、それを知らないとコミュニケーションが取れません。

ですが、**数字と図形は世界共通**です。1、2、3……100、1000、10000など、呼び方こそ違いますが、数字や数え方は世界中どの国でも同じです。

それって、すごいことだと思いませんか？

私たちは常に「数字」とともに生きています。

なんとなく寒気がしたとき、熱を計って36・1度だったら、「よかった。これなら大丈夫」と安心しますよね。

でも、「38・7度」だったら、「もうダメだ……」と、一気に体調が悪くなる。数字を見て、その後の反応が変わることはよくあります。

そのほか、「今日の血圧は１２５だ。快調、快調！」「体重が３キロ増えちゃった。ガーン」……など、数字に一喜一憂するのは日常茶飯事です。

そのくらい、**数字には人を動かす力がある**ということです。

マヤ暦には、その数字のパワーを活かす知恵があふれているのです。

マヤ暦のマジックナンバーは「13」と「20」！

マヤ暦の1年の周期である「２６０」という数字を分解してみると、**13×20**で表わすことができます。20は太陽の紋章の数と一致します。

13と聞くと、「13日の金曜日」「死刑台は13階段」など、なんとなく不吉な数字という印象があるかもしれません。ホテルや病院の中には、あえて「13号室」をつくらないこともあるようです。

ですが、**13はものすごいパワーを発揮する数字**だと言われています。

その証拠に、仏教ではよく「13」が使われています。日本の仏教の宗派が13に分かれているのもそのひとつです。また、仏教では亡くなった方が極楽浄土に行き、きちんと成仏できるよう見守ってくださる「十三仏」がいます。雲に乗って亡くなった人を迎えに来る13の仏様（阿弥陀如来《あみだにょらい》や菩薩《ぼさつ》など）の様子を描いた「來迎《らいごう》図《ず》」を見たことがあるかもしれません。また、亡くなった方の命日で重要な法事も、1周忌、3回忌、7回忌のあとは13回忌です。

アメリカ合衆国は建国当初、13州からはじまりました。1ドル紙幣の裏側には13の星、13枚の葉っぱがついたオリーブの枝と13本の矢を持った鷲《わし》、13本の線が入った盾、13段のピラミッドがデザインされています。13でいっぱいです。忌み嫌われていたら、使いませんよね。

占いなどに使われてきたトランプも、ひとつのマークにつきA（エース）からK（キング）まで13枚あります。昔、占いの道具としてよく使用された亀の甲羅は、全世界共通で13個です。日本でも、子どもが13歳になったら「十三参り」というお祝いをします。

マヤ人はこの**13という数字が「月」と関係している**と考えました。月は人体と関係が深いのです。女性の生理は基本的に28日周期なので、1年間に13回あります。生理のことを「月のもの」なんていいますよね。

漢字を見てみると、月と人体との関係がよくわかります。身体に関係する箇所の多くは、へんに「月」（にくづき）が使われているのです。

内臓、心臓……脾臓《ひぞう》、膵臓《すいぞう》、肝臓はふたつとも月がついていますね。腎臓の「腎」や「胃」は下に月がついていますし、「脳」という字も「月」（にくづき）です。

また、13は精神の成長を表わす定数とも言われています。

このように、諸説あるとはいえ13という数字は、かなりエネルギーの高い数字なのです。このパワーを知っている人が、ほかの人にあえて使わせないように「13は不吉な数字だから、使わないほうがいい」と嘘を広めていったという説もあります。

ニューヨークなどでは、マンションの13階は賃貸に出さずにオーナーが使用することもあるとか。13のパワーを知っている人だけが、その力を利用しようとしているのかもしれませんね。

マヤ暦は「13×20」ですから、この「13」のエネルギーがしっかりと入り込んでいます。つまり、この暦を利用することで、自然と13の持つ強いパワーを受け取ることができるというわけです。

これを知ったあなたは、もうツイています！　月を味方にして、ツイている人生を送りましょう！

人体と「20」の謎めいた関係

マヤ暦は「13×20」で表わされますが、13だけでなく「20」という数字にも深い意味があります。

13が月との関係、精神のリズムを整える意味があるのに対して、**20は「肉体」との関係が深い**のです。

たとえば、手の指と足の指の数を全部足すと何本でしょう？　20本ですよね。

DNAは二重らせん構造で、らせん1回転あたりの塩基数は10です。「二重」なので20というわけです。

また、伊勢神宮などの大きな神社では、式年遷宮《しきねんせんぐう》といって社《やしろ》を替える儀式がありますが、これは20年に1度行われます。人体に必要なアミノ酸は、20種類といわれています。

このように、マヤ暦は月や精神との関係が強い「13」と、肉体との関係が強い「20」を掛け合わせた「260」から成り立っています。

つまり、**精神と肉体、両方の組み合わせでバランスを取っている**のです。

13と20、両方の数字のエネルギーを持ち合わせたマヤ暦は、かなりのパワーを秘めていることが伝わりましたでしょうか。

このパワーを使わない手はありませんよね。

太陽の紋章は、「本当の自分」に気づくツール

マヤ暦の世界では、**マヤ人が信じていた「20の神様」**がそれぞれの領域を司《つかさど》っていると考えられています。

1日1日には、それぞれ大きな意味とエネルギーが込められているとお伝えしましたが、そこにはこの神様たちのパワーも含まれています。

20の神様は、それぞれ持っているエネルギーも得意分野も違っています。

その**20の神様の内のひとつのパワーを、私たちもめいっぱい吸い込んでいます。**

この神様のパワーを**「太陽の紋章」**と言います。「太陽の紋章」は**あなたの特性や今生での課題や宿命を教えてくれます。**

この紋章について書かれていることを、あなたにやってほしいというわけではあ

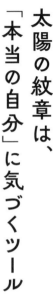

りません。あなたが自信を取り戻すための、ひとつの**「きっかけ」**にしてほしいのです。ここに書かれていることを試してみると、**「本当の自分」が目覚めるきっかけになる**かもしれないからです。

あなたがどの紋章に該当するかは、102ページから説明しています。

たとえば、紋章が「黄色い星」の人がいるとします。

この紋章は「キレイ好き」「美しいものに携わるのが得意」「最後までやり遂げる」というような特性があります。ここから「部屋をキレイにしてみるといいでしょう」とか「自分を美しく着飾って」「最後まであきらめずにやってみて」というメッセージを受け取ることができます。

ですが、それをするだけで「本当の自分」になれるわけではありません。それをちょっと意識してみることが引き金となって、本当の自分が目覚めてくるのです。黄色い星の人が部屋をキレイにしたら、「そういえば、私、キレイ好きだったな」とか「やっぱりキレイにすると気持ちが落ち着くな。部屋が散らかっていると、イライラが止まらないんだった」と思い出すこともあるでしょう。

また、いつもよりちょっとだけ念入りにお化粧してみたら、「『もう歳だし』とあきらめ気味だったけれど、私、まだまだいけるかも？」と自分に少しだけ自信が出るかもしれません。

そうやって**本当の自分に気づき、近づいて、自信を取り戻すためのツール、それがこの太陽の紋章なのです。**

だから、書かれている自分の紋章の特性や特徴を「活かさなくては！」と頑張る必要はまったくありません。

繰り返しになりますが、紋章を知ることは、あくまで「きっかけ」にすぎません。「ふぅ～ん、自分にはこんなところがあるのか」と思って、自分と照らし合わせてみてください。「そういえば……私にはこんなところもあったかも」と思い当たるかもしれません。「昔の自分は、そんな感じだったかも」とふと記憶がよみがえることもあるでしょう。そんな場合、今の自分は「本当の自分」にフタをして、仮面をかぶっているだけかもしれません。

そんなこともすべてわかってしまうのが、このマヤ暦です。

嫌いな人、苦手な人がいなくなる！

マヤ暦では「好きな人」だけではなく、**「嫌いな人」の紋章も調べます。**

私は「ちょっとムカつくんだけど」という人がいたら、すぐ「何の紋章か調べなきゃ！」と、その人の紋章を調べるクセがついています（笑）。

すると少しずつ、その人が**「なぜそのような行動を取ったのか？」が見えてきます。**そして、不思議なことに相手の紋章を調べた瞬間、その人との距離は縮まり、友人や家族と同じような感覚になるのです。きっと、**宇宙が「その人はあなたの仲間ですね！」と刻印する**からだと思っています。

だから、講座などで「先生、聞いてください！　こんなイヤなやつがいるんですよ。今度、その人の紋章を調べてみようと思います！」と言っているのを聞くと、

「よしよし、調べて調べて。距離が縮まるから」と心の中でニヤニヤしています。嫌いな相手を調べて、「ああ、この人、こんな年回りなのね。ざまあみろ！」「いい運気が巡っているな。出世するのか。くやしいな……」などと思っているうちに、半分楽しくなってきます。

また、**紋章を調べることで、相手に対する見方が変わる**こともあります。

たとえば、「口うるさいな」「細かくてイヤだな」と思っている先輩がいたとします。その人の紋章の特性を見てみたら、「完璧主義」「負けず嫌い」「根性がある」と書かれていました。すると、これまで口うるさいと思ってきたことも、「完璧主義だからかもしれない」「口うるさいのも、粘り強く最後まで教えようとしてくれているからか……」と思えるようになるかもしれません。

そこから、「確かに、仕事をきっちり教えてくれるから、ほかの部署からのクレームはほとんどないのかも」とか「粘り強く教えてくれるから、ほかの部署の同期にくらべて、残業が少なくて済んでいるのかもしれない」など、新たな気づきが見えてくるのです。

「あの先輩、意外と、いいところもあるのかもしれない」と思えると、相手に対する態度も少し変わってきます。「あら、なんだか最近、仕事に対する姿勢が変わってきたわね」とそれを敏感に察知して、先輩の態度もやわらかく変化するかもしれません。結果として、仲が良くなることもあるのです。

紋章を調べた瞬間、もうその相手はあなたの仲間です。もしかすると、あなたの運気アップに貢献してくれる人かもしれません。


自分や周囲の人の紋章を調べたら、ぜひ自分の嫌いな人、苦手だなと思う人の紋章も調べてみましょう。「行動・思考のクセ」も載せていますから、「ああ、こういうところが私は苦手なんだわ」と知って納得すれば、少しは腹の虫がおさまってくるし、相手に対する見方も変わってきますよ。

気づいた瞬間から、現実がどんどん変わる！

マヤ暦のおもしろいところは、「自分の紋章はこうなんだ」「私ってこんな人なんだ」と**気づいた瞬間から、それがどんどん現実化していく**ことです。

しかも**そのスピードがものすごく速い**のです。

ラジオは、チューニングが合っていないときには「ギュイ～ン」とうるさい雑音しか聞こえないですよね。でも、周波数がピタッ！　と合った瞬間、情報が一気に流れ込んできます。それと同じことなのです。「自分はこういう人で、こんな特徴があるんだ」と気づいた瞬間、それが現実化の波に乗ります。

私も人生どん底のときにマヤ暦に出合い、「本当の自分ってこうなんだ！　そういえば……」と気づいた瞬間、ぐいぐいと背中を押されるくらいの勢いで人生が加速し、思い描いていたことがおもしろいほど現実化していきました。

私はどん底時代、借金を返しながら病気の治療を受けていました。薬代がものすごく高いのに加えて、子どもたちの学費も重なり、家計は毎月火の車。貯金を切り崩しながら、なんとか生きている状態でした。

ですが「マヤ暦を仕事にする！　借金を返す！」と決めてからは、マヤ暦の仕事も順調に進み、**不思議と必要なときに必要な額のお金が入るようになった**のです。

たとえば、「来月は病院の費用がこのくらいかかるな……」「子どもの学費が必要だな」と思っていると、それに見合った仕事が入ってきました。おかげさまでこの10年間、誰かにお金を借りることもなくすごしてきました。

マヤ暦と人生、セットで動いてきたからとしか言いようがありません。

このように、**太陽の紋章はあなたの人生をスムーズに進める心強い味方**になってくれます。まずは、自分の紋章を調べてみましょう。それを知った瞬間、チューニングは完了！　あとはこれから起こる、嬉しい変化を楽しみましょう。

マヤ暦は人生の流れが見える「魔法の航海図」

マヤ暦では、**人生全体の「リズム」**もわかります。

生きていると、本当にいろいろなことが起こりますよね。

絶好調のときは「このまま今の状態が続けばいいのに」と思いますが、人生のどん底に突き落とされたとき、「いったいこんな状態がいつまで続くのだろう……」と途方に暮れることもあると思います。

そんなとき、役に立つのがマヤ暦です。

つらいときって、「一生このつらさが続くんじゃないか」と思ってしまいますよね。ときには、「だったら死んでしまって、このつらさを断ち切ってしまおう」と極端なことを考えてしまうこともあるかもしれません。

でも、人生の「現在地」がわかって、「このつらい時期がいつ終わるのか？」が見えたら……。気持ちはかなり楽になるのではないでしょうか。

マヤ暦は未来を見通す航海図のようなものです。人生の流れが見えるから、「今は、波の荒いところを通過しているけれど、もう少ししたら穏やかな場所に移動できるな」ということがわかるのです。

「ずっと頑張り続けて！」と言われたら、「そんなの無理！」と叫びたくなりますよね。でも「あと1日頑張れ！」なら、明確な期限があるから「よし、それまでもうちょっと頑張るぞ！」と前向きになったり、「それならラストスパートをかけるぞ！」と気力が出たりすることでしょう。

それと同じように、マヤ暦を見ることで「今はつらい場所にいるけれど、あとちょっとでこの状況から抜けられるのか。だったら、もう少し頑張ろう」と力が湧いてくるのです。

人生の頑張るタイミングがわかる!

ときどき、私の講座を受講された方から「もうこれ以上、生きていくのがしんどいです……」というご相談を受けることがあります。そのようなときには、マヤ暦の年表を見ながら、「今はきついときですよね。うんうん、わかるよ。でも、来年は今の状況を抜け出すことができるだけでなく、すごく希望が持てる年ですよ」などとお伝えします。

「今が一番のどん底でこれ以上ひどくなることはなく、あとは上向きになるだけだ。しかも来年になれば希望が持てる!」ということがわかると、ほとんどの場合、**「来年は希望が持てるんですね……。だったら、あと1年は頑張ってみようかしら」**と、最後には笑顔になって帰って行かれます。

また、「起業したい!」と言う方がいたとき、「マヤ暦でいくと、今年より来年のほうがよりうまくいきますよ」といったタイミングもわかります。そこで、「今年は準備の年にあてて、起業は来年にしたほうがいいですよ」とお伝えすることもあります。すると、**「わかりました！　では、来年に向けてもっと綿密に準備を進めたいと思います」**と帰って行かれ、後日、実際に起業が見事に成功し、「やっぱりあのとき、来年にして良かったです」と言われることがよくあります。

このように、自分の人生を俯瞰して全体のリズムを知ることで、つらい時期やピンチを乗り切れることも多いですし、頑張りどころもわかります。

「そのときにふさわしい努力」をすることで、結果につながりやすくなるのです。

マヤ暦によって人生の「今の立ち位置」を知り、未来を変えていきましょう！

その日に一番ふさわしい過ごし方がわかる！

マヤ暦を知ると、**その日にふさわしい過ごし方**もわかってきます。

たとえば、今日が「外に出てアクティブな活動をしたほうがいい日」なら、外出をして取引先の人に会ったり、友達と久しぶりにお茶をしたりするのもいいでしょう。「家を整えるのにふさわしい日」だったら、オフィスで事務仕事をしたり、家の掃除をしたりするなど、外出せず部屋の中でできることを考えるのもアリです。このように、**その日に流れているエネルギーを上手に取り入れて過ごす**と、とても気分よく、楽に、そして効率的に過ごすことができます。

一番のおすすめは、一日過ごしたあとに振り返り、**起こった出来事の意味を探る**ことです。かなり高度な**反省材料**になったり、**自分の自信につながるシンクロ**を感じたり、発見したりすることでしょう！　すると、「今は波に乗っている」「少し調整が必要」など、自分の状態がよりはっきりわかるのです。

波に乗る人もいれば、まだうまく乗れていない人もいますよね。今日という一日のエネルギーを味方につけましょう！

マヤ暦を知ると、人生が驚くほど楽しくなる！

マヤ暦は人生の不安をかなり消し去ってくれます。

なぜなら、「点」でしか見えないと思っていた自分の人生が、**「過去・現在・未来」という1本の「線」**として見ることができるからです。

すると、どうなるか？　**人生がなんだか、とっても楽しくなってくる**のです。

私は10年以上前、人生のどん底をさまよっていました。

卵管がんと子宮がんにかかり、入院と手術の繰り返し。40代で脳梗塞、さらには白血病にもなり……。

「私、なんでこんなに病気ばっかりになるの？　正直に生きているだけなのに、いったいなにをしたっていうの？」と絶望しかありませんでした。

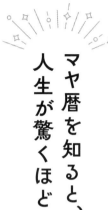

悪いことは続くものですね。病気だけでも十分悲惨なのに、それだけでは終わりませんでした。夫が大病にかかり、生死をさまようほどに。加入していた生命保険を利用しようとしたら、すでに失効していて使えませんでした。ダメ押しです。

その2年後、夫の会社は事業の拡大がたたって倒産。8億5000万円もの大借金を背負うことになったのです。私にも億単位の借金が襲ってきました。

重い病気に、夫の会社の倒産、そして巨額の借金。

なにより大切な子どもたちとの思い出をつくることができず、表では幸せなふりをしながら、まだ「本当の私」をさらけ出すことができずにいました。

悲惨すぎるこの状況に、私は生きることがしんどくなり、「電車に飛び込もうかな。でも痛いだろうな。海に入ったら、苦しいよな。飛び降りたら頭が割れちゃうよね」と、「いかに楽に人生を終わらせるか?」ばかりを考えていたのです。

そんなときに出合ったのが、マヤ暦でした。

入退院を繰り返していたので、入院中は病院で看護師さんや入院患者さんの紋章を調べてあげることにしました。すると、みんながとっても喜んでくれたのです。

「わー、ありがとう！　見てくれたお礼にお菓子を置いておくね」と感謝されたり、談話室でコーヒーをごちそうになったり。「とても当たると聞いたから、見てもらいたくて」と人が集まるようになりました。まるで行列のできる占い師です。

今では通院中の病院の待合室で、こっそりやっています（笑）。

そんなみんなの笑顔を見るのが楽しくなった私は、「もっともっと勉強しよう」とマヤ暦の勉強にのめり込んでいきました。

気づいたら生きることが楽しくなり、死ぬことを忘れていたのです。

マヤ暦に従ったとたん、人生がどんどん好転！

このように、マヤ暦は私にとって**「生死を分けたチケット」**の役割を果たしてくれました。「このチケットをあげるから、『生きるほうの橋』を渡っておいで」と宇宙から言われたような気がしたのです。

生きることが楽しくなったら、不思議と生きる気力が湧いてきました。そして、

「まずは借金を返してやる！」と思えるようになりました。

自己破産をしてゼロからやり直すこともできたのですが、私はその道を選びませんでした。なぜか「自己破産しなくても、絶対に生きていける！　大丈夫！」という**謎の自信**があったのです。

これはマヤ暦を知っていたからとしか、言いようがありません。少しスピリチュアルな言い方になりますが、**「宇宙が必ず味方してくれる」**とも思っていたし、私の不幸の原因が「自分らしく生きていなかったことにある」ことにも気づいたからです。また、夫の会社の倒産についても、マヤ暦の「こうしたほうがいい」という時期と真逆のことをやり続けていたためだということがわかりました。

ということは……、**これまでと反対のことをすれば復活できるはず！**

そう考えたのです。けっこう単純ですよね（笑）。

でも、このときの私はとにかく「大丈夫だ！」と**謎の確信**に満ちあふれていました。結果として、その謎の確信は現実に変わりました。「謎の確信」というサプリでも売り出したいと思ったほどです。あればきっとバカ売れ間違いなしです！

マヤ暦に合わせて行動したら、おかげさまで借金を完済することができ、今ではマヤ暦を仕事にして、まるで漫才のようだと言われるトークショーやセミナーを開催させていただくまでになりました。ありがたいことに、常に満員状態です。

とにかく毎日が楽しいです。今の私しか知らない人は、「そんなに暗い過去があったなんて、信じられない！」と驚きます。あのどん底状態から、よく抜け出すことができたと自分でも思います。それはラッキーという言葉だけでは、とても片づけられません。

ここまで来られた理由は、私にも正直よくわかりません。でも、もし理由があるとすれば、ただ**マヤ暦に従って行動してきた**から。これに尽きます。

「今の人生、これでいいのかな」と疑問を感じている方や、「もうちょっと良くなりたいな」と考えている方、大丈夫です！

人生、これからどんどん楽しくなりますよ。どんな楽しいことが待っているか、今からワクワクしながら待っていてくださいね。

ただ待っているだけではダメ！
運気を確実にアップさせる方法

マヤ暦では、未来の運気は絶対に上がることがわかっています。でも、**ただ何もせずに、じーっとそのときを待っているだけでは状況は変わりません。**

先日、こんな話を聞きました。

「私、『2年後にいいことが起こる』って言われて、今年がその年なんです。なのに……ちっとも運気がよくないんですよね」というお悩みでした。しかし、自分で何もせずにただ待つだけで2年後を迎えても、いいことは起こりません。

たとえば、恋愛で「3年後、あなたは最高にステキな運命の相手と出会いますよ。

その人とつき合ったら、家庭も仕事も円満の人生を送れるでしょう。そのお相手は黒髪のロングヘアとワンピース、赤いピンヒールの似合う女性が好みです」と言われたら、あなたはどうしますか？

今から髪の毛を伸ばして、自分に似合うワンピースと赤いピンヒールを探すなど、準備を進めるのではないでしょうか。3年後に、あわてて準備をはじめたとしても遅いですよね。そんなにすぐに髪の毛も伸びません（笑）。

もし3年後、実際に運命の相手と出会ったときに、あなたがショートカットですっぴん、よれよれのTシャツにジャージを着ていたら……。運命の相手は、あなたに気づかずに通りすぎてしまうかもしれません。たとえ目が合っても、出会いにはつながらないかもしれません。「いいことが起こると言われていたのに、何も変わらなかった～！」と嘆いて終わるだけです。

このように、**いくらチャンスに出合っていても、それに気づいて、そこでチャンスをつかめなければ、意味がないのです。**

そもそも、3年後に運命の人と出会うということすら知らなかったら、準備もしないでしょうし、たとえその人と会って肩がぶつかったとしても、それが運命の相手だとは気づかず、そのまま何事もなく終わってしまうかもしれません。あとから、「あー、あの人が運命の人だったなんて……。もっと早く知っていたら、話しかけたのに」と悔しがって地団駄を踏んでも、あとの祭りです。


運を良くしたいなら、まずチャンスがやって来る時期を知ること。

次に、**自分がやるべきことを知り、そのときに向けて準備を進めておくことです。**

いいことが起こる未来に向けて、「今やるべきこと」をやっておく。

すると、チャンスが巡ってきたときにそれらがパズルのピースのようにピタッ！とはまり、そこから成功の芽が出る。こういう仕組みになっているのです。

「果報は準備して待て」ですね（笑）。

せっせと準備して、「その日」を楽しみに待ちましょう。

マヤ暦は過去の出来事の「本当の意味」を教えてくれる

私たちは日々**「選択」**をしています。「モンブランとショートケーキ、どちらにしようかな」という軽い選択もあれば、ときには「今の会社で仕事を続けるか、辞めるか、どちらにしよう」という、人生に関わる重い選択もあります。

そして、うまくいかないことがあるとつい、「ああ、あの彼と別れなければ、きっと今頃もっといい生活を送れていたかもしれない」とか、「あのとき、離婚しなければ、今の人生もっと変わっていたかも」「あそこで、AではなくBを選んでいたら、あの悪い出来事は回避できたんじゃないかしら」など、選択ミスをしたのではないかと悔やむこともあるでしょう。

そして、そんな選択をした自分を責めたり、反省したり、落ち込んだり……。

過去の出来事を思い返して、「もし〜だったら」「あのとき、こうしていれば」と「たら・れば」でつい考えてしまうときがありますよね。

でも、**あなたがこれまで行ってきた数々の選択はすべて「当たり」です。**

過去に起こったいいことはもちろんのこと、悪いこともすべて**「最高の自分」に近づくために必要なこと**だからです。

だから、「あのときAではなくてBを選んでいたら、悪い出来事を回避できたかもしれない」と思う必要はありません。そもそも、その出来事を回避することが正解ではないからです。むしろ、その出来事があったからこそ「最高の自分」への道を進むことができているのです。

つまり、つらかったその出来事は起こるべくして起きたこと。**全部、自分の身になり、糧《かて》となっているのです。**その渦中《かちゅう》にいるときには「悪い出来事」と感じたことも、それは未来から見ると決して悪いことではないというわけです。

過去の出来事の「答え合わせ」してみよう

実は、過去のすべての出来事は、マヤ暦で「答え合わせ」ができます。「その出来事にはどんな意味があったのか？」を読み解くことができるのです。たとえば、10歳のときのお父さんの転勤は、あなたにとって生涯の親友に出会うためだったのかもしれません。18歳の大失恋は、今のだんな様に出会うために必要な流れだったのかもしれません。

このように、マヤ暦で過去をひも解いていくと、過去に起こったいいことも悪いことも、**すべてのことに大きな意味があった**ことがわかります。そして、**過去に起こったイヤな出来事には必ず、「本当の自分」を見つけるためのヒントが隠されています。**だから、「あーあ、あんなことしなかったら良かったのに」と悔やんだり、「私の日頃の行いが、こんな悪いことを引き寄せちゃったのかな」と反省したり、落ち込んだりする必要はまったくありません。

渦中にいるときはとてもつらくて苦しくて、「なんでこんなことになったんだろう」と考えてしまいますよね。ですが、それらはあとから振り返ってみるとどれも欠かせない体験で、「本当の自分」に気づくための伏線《ふくせん》だったのです。

私の夫の事業がうまくいかなくなって倒産し、億単位の借金を抱えた頃、はじめのうちは、ただひたすら「なんでこんなことになっちゃったんだろう」「なんで私が……」と後悔しかありませんでした。

けれど、マヤ暦で過去をひも解いていったら、すべてに納得がいきました。「こうすると、いい運気の流れに乗れますよ」というリズムに、ひたすら逆らうことをやっていたのです。

たとえば、県外や海外に新しいお店を出店するのには、それに向いている年や日があるのですが、夫の会社は出店したほうがいい時期には出店せず、「今は控えて、準備をしておいたほうがいい」という時期に、積極的に出店をしていました。「家族を大切にするといい」という年に、家族の間で交流もなく、すれ違いばかり。

「無理をせずにゆっくりと人に相談しながら進める」という年に、あせって誰の意見も聞かずに強行突破。

「あー。こんなことをしていたら、それはダメかもしれないな。これが失敗の原因のひとつだな」と思ったら、なんだかものすごく納得がいったのです。

そして、原因がわかったら「次は同じ失敗をしないように、気をつけて頑張ろう！」という気持ちだけがあとに残りました。

過ぎ去った過去の出来事は、変えられないものかもしれません。

でも、**今の立ち位置から過去の出来事を見直し、それに新たな意味を見出すことで、人生はふたたび動き出します。**止まっていた時計に命が吹き込まれて、ふたたび針が動き出して時を刻みはじめるイメージです。

また、過去の出来事に意味があるとわかることで、心が楽になることもあります。

あなたがこれまでやってきた数々の失敗やつらい経験は、決して失敗ではありません。すべてが**「最高の未来」**のために必要なことだったのです。

人生はらせんを描きながらレベルアップする

人生の流れには、ある一定のサイクルがあります。マヤ暦では「起・承・転・結」のように13年ごとに大きく4つに分けて考えます。52年で一周です。

ただ、起承転結といっても、同じ場所をぐるぐる回り続けているわけではありません。**2周目はらせん階段をのぼるように、少しグレードアップしているのです。**

ファッションの流行も繰り返すと言いますよね。

実際、バブル時代に人気だった「肩パッド」がふたたび流行しました。でも、以前のものとまったく同じではありません。

今、当時と同じガチガチの肩パッドをつけていたら、「ギャグか」と笑われるか「ださっ」と思われるだけですよね。今は肩に膨らみはあるものの、もう少し控えめなラインへと進化しています。

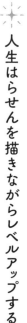

それと同じように、人生も起承転結を繰り返しますが、らせんを描くように少しずついい変化を重ねていくのです。

1回目で失敗したことを教訓に、2回目は同じ失敗を繰り返しません。前回の失敗を見て気をつけるべき点がわかるから、今度は「難」を乗り越えることができます。**大難が無難になって、大きく飛躍できる**というわけです。

人生は繰り返しながらも、より良いものへと修正していくことができます。マヤ暦は過去の失敗の理由をひも解き、未来への教訓を気づかせてくれるのです。

幸せの形はひとつではない――自分は自分、他人は他人

「あの人、お金持ちのだんな様と結婚して、都心のタワマンに住んでるんだって。いいなあ」「あの人は仕事も順調で、いつも楽しく働いていて、うらやましい」「それにくらべて私は……」などなど、周りの人と自分をくらべて、妬《ねた》ましく感じたり、むなしく思ったりした経験はあると思います。

今だに日本では「右へならえ！」で、みんなと同じように生きるのが幸せなのだ、と考える風潮があります。いい大学に入って、大企業に勤めて、結婚したら子どもを産んで……。マイホームがあって、離婚せずに家族みんなで仲良く暮らすのが「幸せの典型」なのだという思い込みがまだまだ根強いようです。

しかし、幸せの形は人それぞれです。**マヤ暦で言えば、紋章によって幸せの感じ**

方は20通りあって、それぞれ異なるのです。

たとえば、結婚して一家を構えて、家族を守って生きていくのが一番の幸せだと感じる紋章の人がいます。しかし、家庭よりも仕事に生きがいを覚える紋章の人もいます。ひとりで生きていることに、無上の幸せを感じる紋章の人もいるのです。そんな人が、家庭に入って専業主婦になったらどうでしょう。幸せを感じるどころか、窮屈で仕方がないですよね。

また、フォアグラやトリュフなどの高級料理を、有名レストランで食べることに幸せを感じる紋章の人もいる一方で、お母さんの握ってくれた手づくりのおむすびにこそ幸せを感じるという紋章の人もいます。

自分がやりたいことを自由にやることこそが幸せだと思う紋章の人もいれば、誰かのために尽くすことこそが幸せと思う紋章の人もいます。

「どれが良くて、どれが悪い」という優劣はまったくありません。どれもが紋章の特徴なので、「どれもいい」なのです。十人十色というわけです。

顔や背丈もひとりずつ違うように、性格も考え方も違うのが当たり前。「それでいいのだ！」というのが、マヤ暦の基本ルールなのです。

だから、世間の常識に無理に合わせて、窮屈な思いをする必要はまったくありません。**あなたらしい幸せ**を見つけてほしいと思います。

イン・ラケッチ――あなたが幸せなら、私も幸せ

マヤ人が使っていた言葉のひとつに「イン・ラケッチ」という挨拶の言葉があります。**「私は、もうひとりのあなた」**という意味です。これは、マヤ人がとても大事にしてきた考え方でもあります。

朝、誰かと出会って、「〇〇さん、今日はどうですか？　気分はいいですか？」と問いかけ、相手が「今日は最高に楽しいの！」と答えたら、「だったら、今日は私も楽しいわ！」になります。なぜなら、イン・ラケッチ、「私は、もうひとりの

あなた」だからです。

逆に、「今日はちょっと体調が悪いんだよね」だったら、「私もその感情を一緒に味わうから、半分分けてね」となります。**マヤ人はお互いがお互いを慈《いつく》しみ合ってきたのです。**

誰の考え方が正解で、誰の考え方が間違っている、とは決してなりません。どの人も「もうひとりの自分」。だから、どんな考え方も「アリ」なのです。

人に優劣をつけない。だから、自分と誰かを比較して、落ち込むこともないし、妬むこともなければ、反省する必要もない。

自分は自分、他人は他人。みんな違って、みんないい。ただ、自分にとっての幸せは何か？　を追求すればいいだけなのです。

そして、**あなたが幸せなら、私も幸せ。**

本当の幸せは、幸せを感じている人が自分の周りにいっぱいいることかもしれません。

「自分にとっての幸せって？」そのヒントをマヤ暦は教えてくれるのです。

2章

マヤ暦があなたの「財運」を爆上げします！

お金、人間関係、健康、才能、自信……すべての運気が上がる！

第1章では、自分のマヤバースデーと紋章を知り、そのエネルギーをめいっぱい利用しましょう、という話をしました。

マヤ暦に素直に従うだけで、運気は必ず爆上がりします。

紋章ごとの具体的な方法は次の第3章から詳しくご紹介しますね。

突然ですが、あなたは**金運**と**財運**を選べるとしたら、どちらがほしいですか？

お金があるだけで、「豊かな人生」が送れるわけではありません。

もちろん、お金は大事です。しかし、いくらお金があっても健康でなければどうしようもありません。お金があっても家族や友達との人間関係が険悪であれば、人生は楽しくないでしょう。お金以外にも、自分の世界を広げてくれる人脈、自分の持ち味を活かす才能も必要です。

健康や人間関係、才能、自信……それらすべてが備わっていたら、最高ですよね。

それらをまとめて、私は「財運」と呼んでいます。

マヤ暦によって、この財運がめきめき上昇していくのです。

みなさんは本来、いい財運を持ち合わせています。

もし今、「財運がいいとは言えない……」と感じているとしても、本来のいい財運を十分に活かすことができていないだけなのです。

あなたの誕生日から割り出される「太陽の紋章」について書かれていることを試してみるだけで、あなたの中に眠っている「いい財運」の扉のカギが開きます。

「これをやるといいですよ」「これを身につけるといいですよ」ということが具体的に書いてあります。

しかしたとえば、「これをやれば、すぐに財運がアップする!」「これを身につければ、すぐに幸運が訪れる！」という意味ではないのです。「行い（行動）やラッキーアイテム＝財運アップ」ではないのです。その行いをすると、巡り巡って財運につながっていく。その行動やアイテムから、財運アップの「きっかけ」をつかむことができる、という意味です。

たとえば、自分の紋章のところに「水道の蛇口をキレイにしましょう」と書いてあったら、とりあえずやってみましょう。それが**「財運を上げるカギ」**だからです。毎日蛇口を磨いていたら、ある日突然、ハッといいアイデアがひらめくかもしれません。蛇口を磨いていたら、誰かから電話がかかってきた。その電話が大きなビジネスチャンスにつながった！　このように一見なんの関係もないように見える行いが、思わぬ財運に導いてくれるのが、マヤ暦の紋章のおもしろいところなのです。

あなた自身の中に眠っているこの「財運」を、マヤ暦を通してぜひ発見してほしいのです。

成功する人、失敗する人の違い

「同じ紋章の人でも、成功している人とそうでない人がいるのはなぜですか？」という質問を受けることがあります。

はい、その通りです。では、成功している人とそうでない人の違いは何でしょう。

それはずばり**「使い方」**です。


これは火や水と似ているように思います。

火は、人類の文明・文化の発展には欠かせないものでしたし、今の私たちの生活からは切っても切れません。火が使えるから食材を煮たり焼いたりして、おいしい料理をつくることができます。また、お湯を沸かしてお茶を飲み、お風呂に入ることもできます。火に当たって暖を取り、寒さから身を守れるようになりました。

しかし火の使い方を誤ると、家や建物が丸ごと燃えてしまったり、やけどを負ったりするなど、とても危険な一面もあります。山火事などの災害は深刻です。

一方で、水は人ののどの渇きを潤してくれます。

水と少量の塩があれば、1カ月は生きることができるそうです。そのほか、食物をゆでて硬いものをやわらかくできますし、汚れをキレイに洗い流してくれます。水は火と同じく、人々の生活には欠かせません。ですが、川や海で溺れることもあれば、大洪水や津波などで私たちの暮らしがダメージを受けることもあります。

つまり、火も水も使い方によって毒にも薬にもなるというわけです。

マヤ暦の紋章もそれと同じです。取り扱い方によって、大きく結果が変わってきてしまうのです。

たとえば、「信念を持って、仕事を最後までしっかりとやり遂げる」という特性がある紋章の場合で考えてみましょう。その特性をうまく活かせば、仕事をきちんと遂行して成果もしっかり出ることでしょう。周囲の人から頼りにされる存在になるかもしれません。ここまでなら問題なしです。

しかし、それがいきすぎて、ほかの人にも完璧を求めるあまり相手を責めたり、きつい言葉で非難したりすると、雰囲気も険悪になって「あの人、仕事はできるけど、いつも不機嫌でなんだかイヤね……」と評価が下がってしまいます。

このように**紋章の特性は表裏一体、使い方次第で良くも悪くもなる諸刃の剣なのです。**

成功している人は、このあたりの**さじ加減がとてもうまい**です。紋章の特性をプラスの方向に上手に活かしています。

一方、うまくいっていない人は、やりすぎてしまうケースのほか、本来持っている力を自覚していないケースもよくあります。また、せっかく特性を知っていても、「自分にはどうせできないから」とあきらめている残念なケースも。さらには環境や周囲の制約のために、その特性にフタをしてしまっている人もいます。

市販薬のパッケージに「使用上の注意をよく読んでお飲みください」という注意書きがありますが、太陽の紋章についても同じことが言えそうです。

人生の流れを好転させるには、太陽の紋章を正しく使うことが必要なのです。

うまくいかないときの紋章の使い方

太陽の紋章は、自分がうまくいっていないときの反省にも活用できます。

人はうまくいかないときや悪いことが起こったとき、「上司が悪い」「こんな世の中だから仕方がない……」「子どもが悪い」「夫が手伝ってくれないから」など、その理由を自分の外に向けがちです。

でも、**そんなときこそ「自分」に目を向けてみましょう。**

紋章をうまく使えていないときは、自分の「悪い面」が出ていないでしょうか？

たとえば、「子どもが勉強をしないで、テストの点数が悪い！」と怒っているとしたら、「私は仕事を完璧にやろうという気持ちが強いから、それを子どもにも強要してしまったかもしれない。少しきつく言いすぎたかも……」と見つめ直してみると、「次はもう少しやさしい言い方をしてみよう」などと、解決策が自然と浮かんできます。あなたがそのように心がけていると、子どもも「もう少し勉強してみようかな」と素直に思えるようになるかもしれません。

うまくいかないときに、改めて紋章の特性を見直すことで、「自分の原点」にスッと立ち返ることができるのです。

ケーススタディ①

シングルマザーが予約の取れないサロンを開くまで

シングルマザーのA子さんは子育てをしながら会社勤めを続けていますが、仕事がどうもうまくいかない、かといって子どもがいるから会社は辞められない……という悩みを抱えていました。

マヤ暦を使って人生が180度変わったという方のお話をご紹介します。

A子さんの紋章を調べたところ、特性として自営業に向いていました。

しかし実際には会社勤めの社員として働いており、上司からはいびられまくり。毎日胃が痛くなるようなつらい思いをしていたのです。

私が「あなたの特性は雇われて働くのもいいですし、自分で起業しても楽しく働けますよ」と伝えたところ、はじめは「え、私が……？」と戸惑っていました。

「では、昔はどうでした？」と聞くと、「……たしかに、昔はそんな起業なんて考えたこともなかった。でも小さい頃はお店を持ちたいと思っていた」と**自分自身のことを思い出しはじめた**のです。

「だったら今、それも視野に入れて働いてみてください」と伝えると、最後は「そうですね。明日から、少し楽しみになりました」と笑顔に。

そこから、A子さんは**行動を起こしました。**会社を潔く辞めて、自分が「やりたい！」と思っていた、美容サロンを開くことにしたのです。

もちろん、開業までの道のりは大変なこともあったと思います。

でもA子さんは、その大変なことまで楽しんでいるようでした。

自分の特性に向いた自営業の道を進み、好きなことに熱中して取り組んでいるからでしょう。

今では予約の取れない人気サロンへと成長し、新しい家を建ててお子さんと一緒に楽しく暮らしています。

ケーススタディ②

最悪の家族仲、傾きかけたお店から一発逆転！

Bさん一家は、ある町でお米屋さんを営んでいました。

Bさんのお店は、近隣のスーパーなどの大型店舗に押されて、売上げは減る一方。しかも、家族の仲がとても悪くて「この店を誰が継ぐか？」でいつももめてばかりいました。

そんなとき、Bさんがマヤ暦を勉強しはじめます。

「この日は自分のエネルギーが強い日だから、商談を設定しよう」「この日はSNSで新発売のお米の情報を発信しよう」というように、**マヤ暦の知恵を商売に取り入れるようにした**のです。

自分だけでなく、**家族みんなの紋章を調べ、それを伝えて家族それぞれの特性に合わせた仕事を割り振るようにしました。**家族とのつき合いも、たとえば「この日は長男の紋章の日だから、長男を誘って一緒に食事をしよう」というように、マヤ暦の教えを取り入れるよう心がけたのです。

すると、どうでしょう。

Bさんのお店の売上げはぐんぐん伸びていきました。SNSの効果も覿面《てきめん》で新規のお客様がどんどん増え、リピーターにもなってくれました。

それだけではありません。

あれほど険悪だった家族の関係が、おもしろいほどめきめきと改善していったのです。家族がお互いにサポートし合い、自分たちの得意分野を伸ばして頑張るようになったのも売上げアップにつながったようです。お客様にも、お店の雰囲気の良さが伝わったのでしょう。

こうして、**マヤ暦のおかげで潰れそうだったお店も立派に立ち直りました。**

毎年みんなで家族旅行に行くほど、家族の仲も円満に変わったのです。

ケーススタディ③

経営不振の旅館が、高額で売却できた！

Cさんは温泉旅館の女将《おかみ》さんです。

けれど、従業員の入れ替わりが激しく、なかなか定着してくれないので、人のやりくりでいつもてんてこ舞いです。

「旅館の経営がうまくいかなくて……。いっそ旅館を売ってしまおうと思うのですが、どうしたらいいでしょう」と私のところに相談にいらっしゃいました。

商談や不動産の売買などで、**大きなお金が動くタイミング**がありますよね。**マヤ暦は「この日がいいよ！」という絶好のタイミングを教えてくれます。**

実は、Cさんの旅館はそれまで5億円のお金がかかっていました。それが何と、3億5000万円で買いたたかれそうだと困っていたのです。

私はさっそく、マヤ暦を見て商談する日を決めました。

Cさんのマヤバースデーや紋章の日をもとに、商談にふさわしい期間に話を進めることにしました。すると、見事7億円で売却することができたのです！

Cさんはその7億円を元手に、3億円ほどかけて新しい温泉旅館を立ち上げました。その旅館はたいへんな人気を集め、経営が軌道に乗ったあとに、その宿を今度は10億円で売却することに成功します。こうしてCさんは、経営難に苦しんでいたのが嘘のように、大金と成功を手に入れたのです。

先にもお話ししましたが、**マヤバースデーや自分の紋章の日は、自分のパワーが強く発揮される日です。**また、そのきっかけになる日でもあります。

その力を利用すれば、想像以上の大きなお金を手にすることができるのです。

マヤ暦のおかげで、自信が泉のように湧いてくる

マヤ暦のいいところは、自然と**自分に自信が生まれる**ことです。

自信は最大の財産ですから、なにより大事ですよね。

自分の「マヤバースデー」の日は、**自分の才能に気づきやすく、また能力を発揮しやすい日でもある**ため、自分のエネルギーがさらに爆上がりするのです。

スーパーや家電量販店などで「この日はポイント5倍！」とアピールしているときがありますよね。同じ金額の買い物なら、この日に買えばふだんの5倍のポイントをゲットできます。マヤバースデーや自分の紋章も、これと同じです。

さしずめ**マヤバースデーは「ポイント100倍デー」、自分の紋章の日が「ポイント10倍デー」**です。

この日に起こした行動は、たいていうまくいきます！

ポイント100倍、10倍なのですから、じっとしていてはもったいないです。

この本の監修者・木田景子さんは「マヤバースデー」のパワーをおおいに活用したひとりです。

景子さんは、リウマチを患《わずら》っていた時期がありました。リウマチの原因のひとつに、歯につめた銀歯が影響する場合があるそうです。銀歯を取ることで、症状が改善したという事例も数多くあるとのこと。

それを聞いた景子さんは、さっそく歯医者さんを予約することにしました。ところが人気の歯医者さんだったため、数カ月先まで予約はいっぱい。

歯医者さんから、「ちょっと先になりますが、○月○日のご予定はいかがですか？」と聞かれました。調べてみたら、その日は偶然にも、景子さんのマヤバースデーだったのです。**260分の1の確率**ですから、ビックリですね！

景子さんはこれを見た瞬間、「すごい！　これは絶対に治る！」という自信と確信が生まれ、気持ちが一気に前向きに。「治療の費用は100万円かかります」と言われたのですが、「やります！」と即答したのです。

「とはいっても、100万円の出費はなかなか痛いな。厳しいな……」と思っていた矢先、その日の帰り道に顧問の税理士の先生から1本の電話がかかってきました。先生は「税金を払いすぎていたので、還付金が発生しました。87万円が振り込まれますよ」とおっしゃるではありませんか！　なんというタイミング！

ということは、残り13万円（マヤの13！）で治療できるということ。こうして、景子さんの治療は予定通りスムーズに進み、リウマチもすっかり良くなったのです。

景子さんが100万円の治療を「やります！」と即答できたのも、**受診日が自分のマヤバースデーだったからです**。パワー100倍のこの日に歯医者さんに行くのだから、「もう、これは治るしかない」と確信したそうです。

もしこれがただの○月○日だったら、景子さんにこんな自信は生まれません。「歯の治療をして本当にリウマチが治るのかしら……」と不安や戸惑いが生まれたかもしれません。しかも治療費が100万円という高額ですから、「なんとか20万円でおさまるように、重要そうな2本の歯だけにしてくれませんか」なんて返事をしていたかもしれません。

すると現在のような、体調万全の景子さんではなかったかもしれません。

このように、マヤ暦は人に自信を与えてくれるのです。

「マヤバースデーだから絶対大丈夫！」と心から信じられた。

そして、その心からの願いが宇宙に届いて、「なりたい自分」に向けて全力で変わっていったのです。

自分で「できる！」「やれる！」と本気で思い、願っていると、宇宙が思いっきり味方して応援してくれます。

なぜなら、**マヤ人は宇宙に味方された民族**だからです。たいていのことは本当にできるし、やれるのです。

マヤ暦について知り、理解を深めていくと、自信がどんどん湧いてきます。

マヤ暦に裏付けられた自信は、あなたの最強の財産になることでしょう。

「13のサイクル」を意識すると、お金が増える！

マヤバースデーは「太陽の紋章」と「ウェイブスペル」、「銀河の音」の3つから成り立ちます、とお伝えしました。3つのうちの**「音」のリズムを利用することで、財運は格段にアップ**します。

マヤ暦では音は波長やリズムを表わします。1から13に分かれ、それぞれに意味を持っています。**1は「はじまりの数」、13は「収穫の数」**とされていて、特にこの2つは重要です。1から13のサイクルを意識し、上手に活用してみましょう。

1の日は、新しいことをはじめるのに最適の日です。

たとえば、銀行に入金する、興味のある講座やセミナーに参加する、ダイエットをスタートさせるなどもいいでしょう。1の日に、500円でも1000円でもいいので、貯金をはじめるのもおすすめです。

私は講座の開講日には、「1」の日を選ぶようにしています。実はこの本の発売日も「1」の日なんですよ。

13の日は収穫の日なので、「終わりにしたい」ことをするのがいいでしょう。

たとえば、ローンの返済をこの日にするのはおすすめです。

余談ですが、あるお金持ちの方は、銀行でお金を引き出す際に「1万1613円」など、金額まであえて「13」にしていました（笑）。

このように、13のサイクルを日常生活に上手に取り入れると、数字の持つエネルギーをより多く取り入れられ、それだけ宇宙が思いっきり応援してくれます。

271ページからのカレンダーに**「音1」の日、「音13」の日**を載せてあります。

それを参考にして、行動してみてください。

マヤ暦なら、自分の悪い面も素直に受け入れられる

マヤ暦では、自分の強みやいいところもわかりますが、一方で**自分の悪いところや陥りやすいクセ、行動パターンのようなものも同時にわかります。**

それを自覚していると、誰かのせいにして他人を責めることがなくなります。


もちろん人間ですから、つい相手を責めてしまうことはあるでしょう。

私だって「悪いのは、あいつ！」って思うこともあります（笑）。

でも、それで終わるのではなく、気持ちが少し落ち着いてきた頃に、「……でも今、私の悪いところが出てきていたな」とも思えるようになるのです。そして最後は、「自分が悪かったたな」という結論に落ち着きます。

私は、マヤ暦を勉強し、自分の紋章の悪い面を知ったことで、**「ごめんなさい」が言えるようになりました。**「あっ、今、自分の悪いところが出たな！」と気づくようになったからです。

以前の私は、何があっても絶対に謝りませんでした。「だって、私は絶対に悪くない！」と信じていたからです。今でもその気持ちは少し残っています（笑）。

でも、マヤ暦を学びはじめてから、気づけるようになりました。

はじめは「私、悪くないもん！」と強がるのですが、時間が経つうちに、「ああ……やっぱり私のこういうところが悪かったんだな」と思いはじめます。そして、本当は言いたくないのですが、「ごめん、本当だわ。これ、私が悪いわ」と認めて、口にすることができるようになりました。

これって、私としてはかなりの進歩、すごいことなのです。子どもたちも「お母さんが、マヤ暦を勉強してくれて良かったよ」と心から言ったくらいです（笑）。

「あの人が悪い！」と他人を責めて終わってしまっては、なんとなくすっきりしませんね。でも、**「ごめんなさい」を言えるようになってから、気分が晴れるときが増えました。**

自分の悪いところに気づき、素直にそれを受け入れられるようになったのです。

その結果、人間関係もとてもうまくいくようになりました。

良好な人間関係という、得がたい財産も手に入ったのです。

手放すとうまくいく!?財運アップの秘訣

マヤ人は「0（ゼロ）の概念」を発見しました。

生まれてきたとき、私たちはゼロです。

「お金持ちの子ども」はいるかもしれませんが、それは親にお金があるだけで、本人は富や名声、お金など、何も持ち合わせていません。

死ぬときもまた、私たちはゼロです。

どんなにお金があって、大豪邸に住んでいたとしても、あの世に大豪邸やお金、宝石、家族を一緒に持っていくことはできません。生まれるときと死ぬときは必ず、人間は「ゼロ」になるのです。

これはつまり、**「所有」はできない**ということですね。

人は所有しようとすればするほど、「不安」を覚えるようになります。

たとえば、「この人は私の彼氏」だと思えば思うほど、手放したくないと感じますよね。彼が電話に出ないと「もしかして、他の女性と会っているのかも」と不安になったり、他の女性と一緒にいるのを見かけると、「心変わりしちゃったのかも」と心配になったりしてしまいます。

また、「この子は私の子だ！」という思いが強すぎると、子どもを思い通りにコントロールしようとしがちです。子どもが言うことを聞かないと、「こんなふうに育てた覚えはないのに……。このままわがままになったらどうしよう」とか、「勉強ができないといい学校にも行けないし、いい会社にも勤められなくなってしまう……」など、不安の種がむくむくと大きくなっていくのです。

マヤ人には「所有」という概念がなかったと言われています。
すべては「神様からの借り物」だと考えていたのです。

お金すら借り物。金（ゴールド）はマヤの特産物だったので、わんさか取れました。みんな金製品をじゃらじゃらつけていて、元気のない人がいると、「はい、元気を出して！」と自分の身に着けている金製品を惜しみなく差し出したそうです。

ゴールドには「太陽」という意味がありました。**太陽はみんなのもの。**「金＝太陽」だから、誰のものでもない、みんなのもの。日が当たっていなくて暗くなっている人には、太陽のエネルギーをどうぞ！　とあげたのです。

「お金は自分のもの」と考えるから盗まれるのが心配になり、金庫に入れてカギをかけます。盗まれたショックは衝撃的です。でも、そもそも自分のものでなかったとしたら、どうでしょう？　たとえ消えたところで「またお借りすればいいか」で済んでしまうのではないでしょうか。つまり、**執着がなくなる**のです。

所有から共有へ、シフトチェンジ！

以前、「お金がない、ない」「お金を貸してもらえませんか？」と言っていた方が突然お亡くなりになりました。
「いつも『お金がない』と言っていたから、きっと金運がない方だったのかな」なんて私は思っていたのですが、フタを開けてみたら、なんと遺産が1億円ほどと言うではありませんか！　高額の不動産を所有していたこともわかりました。その方は、最後にはメンタルを病んでしまい、肉体的にもボロボロの状態になってしまいました。もしお金を貯め込まず、もっと使って循環させていたら、別の人生があったのでは？　と思わず考えてしまいました。

このように、「自分のもの」があるとそれを守るのに必死になって、ときには苦しくなりますが、**「自分のもの」がなにひとつなかったら、とても楽ですよね。**

もちろん、すべて手放すことは無理ですが、「所有」**の気持ちを少し緩めるだけでもかなり気持ちは楽になるはずです。**執着や恐れ、心配が減ることでしょう。

「ま、いっか」「なんとかなるさ」という気持ち、**「誰かと共有しよう」**という気持ちを持つだけで、お金のエネルギーは循環していくのです。

ところで、不安症な人ほど旅行の際の荷物が多いそうです。1泊なのに、「引っ越しするんですか？」というくらいの大荷物で現れる人っていますよね。

「汚れたときに必要だから……」「何かあったときにないと困るから」と、洋服や下着を何枚も持って行く。ホテルにあるはずのドライヤーも「使い勝手が悪いかもしれないし……」と持って行くのです。

家族が増えると、さらに旅行の荷物は増えてしまいます。子どものオムツや服などが増えるのは仕方がありませんが、子ども、夫、マイホーム、車など……所有するものが増えて、それらに執着することも理由のひとつではないでしょうか。

ちなみに、マヤ人がお金として使っていたのは**「カカオ豆」**だったそうです。カカオ豆は貯めておけません。なぜなら腐ってしまうから。つまり、「所有」できないということですね。

だから、どんどんカカオ豆というお金を使っていく必要がありました。これこそ循環です。

マヤ人はこうして経済を回し、社会を発展させていったと考えられています。

このお話はお金に限ったことではありません。

気力や体力も同じように、自分のためだけではなく誰かのために使いましょう。

そうしていると、自分が困ったときには誰かが助けてくれる。

これまた循環といえるでしょう。

所有の気持ちを緩める。誰かのために循環させる。

これこそが財運をアップさせる、一番の秘訣ではないでしょうか。

3章

太陽の紋章から「本当の自分」が見えてくる！

「太陽の紋章」と「音」の見つけ方

① **早見表1**（104ページと105ページ）から、あなたの生年月日の**生まれ年**と**生まれ月**が交わる数字を見ます。

② ①で出た数字に、**生まれた日**を足します。
足したときに**合計が260を超えた場合**は、出た数字から**260を引いて**ください。
その数字が、あなたの**KIN（キン）ナンバー**です。

③ **早見表2**（106ページと107ページ）で、②でわかったKINナンバーに該当する箇所を探しましょう。
それがあなたの**太陽の紋章**と**音**です。

例）1988年3月20日に生まれた人
早見表1から251。
251＋20（生まれた日）＝271
260を超えているので、271－260＝11
あなたのKINナンバーは11です。
早見表2から、「太陽の紋章」は青い猿、
「音」は11だとわかります。

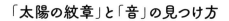

「太陽の紋章」のチャートの見方

太陽の紋章の各ページの冒頭に出てくる、チャートの見方を説明します。

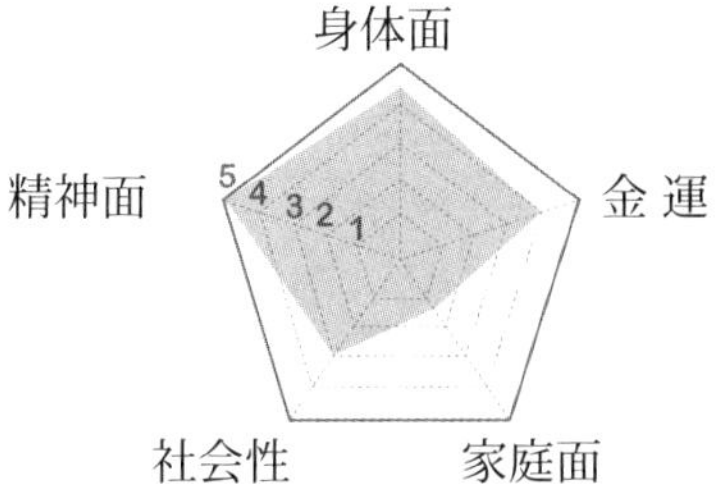

このチャートは次の５つの気質を１～５の数値で表しています。

- **身体面 …… エネルギーの総量**
  1 穏やか ～ 5 エネルギッシュ
- **金　運 …… お金との縁の強さ**
  1 普通 ～ 5 強い
- **家庭面 …… 家か仕事か**
  1 家より仕事派 ～ 5 家庭的
- **社会性 …… コミュニケーション能力**
  1 内向的 ～ 5 社交的
- **精神面 …… メンタルの強さ**
  1 繊細 ～ 5 打たれ強い

早見表1　KINナンバー

年			1月	2月	3月	4月	5月	6月	7月	8月	9月	10月	11月	12月
1910	1962	2014	62	93	121	152	182	213	243	14	45	75	106	136
1911	1963	2015	167	198	226	257	27	58	88	119	150	180	211	241
1912	1964	2016	12	43	71	102	132	163	193	224	255	25	56	86
1913	1965	2017	117	148	176	207	237	8	38	69	100	130	161	191
1914	1966	2018	222	253	21	52	82	113	143	174	205	235	6	36
1915	1967	2019	67	98	126	157	187	218	248	19	50	80	111	141
1916	1968	2020	172	203	231	2	32	63	93	124	155	185	216	246
1917	1969	2021	17	48	76	107	137	168	198	229	0	30	61	91
1918	1970	2022	122	153	181	212	242	13	43	74	105	135	166	196
1919	1971	2023	227	258	26	57	87	118	148	179	210	240	11	41
1920	1972	2024	72	103	131	162	192	223	253	24	55	85	116	146
1921	1973	2025	177	208	236	7	37	68	98	129	160	190	221	251
1922	1974	2026	22	53	81	112	142	173	203	234	5	35	66	96
1923	1975	2027	127	158	186	217	247	18	48	79	110	140	171	201
1924	1976	2028	232	3	31	62	92	123	153	184	215	245	16	46
1925	1977	2029	77	108	136	167	197	228	258	29	60	90	121	151
1926	1978	2030	182	213	241	12	42	73	103	134	165	195	226	256
1927	1979	2031	27	58	86	117	147	178	208	239	10	40	71	101
1928	1980	2032	132	163	191	222	252	23	53	84	115	145	176	206
1929	1981	2033	237	8	36	67	97	128	158	189	220	250	21	51
1930	1982	2034	82	113	141	172	202	233	3	34	65	95	126	156
1931	1983	2035	187	218	246	17	47	78	108	139	170	200	231	1
1932	1984	2036	32	63	91	122	152	183	213	244	15	45	76	106
1933	1985	2037	137	168	196	227	257	28	58	89	120	150	181	211
1934	1986	2038	242	13	41	72	102	133	163	194	225	255	26	56

年			1月	2月	3月	4月	5月	6月	7月	8月	9月	10月	11月	12月
1935	1987	2039	87	118	146	177	207	238	8	39	70	100	131	161
1936	1988	2040	192	223	251	22	52	83	113	144	175	205	236	6
1937	1989	2041	37	68	96	127	157	188	218	249	20	50	81	111
1938	1990	2042	142	173	201	232	2	33	63	94	125	155	186	216
1939	1991	2043	247	18	46	77	107	138	168	199	230	0	31	61
1940	1992	2044	92	123	151	182	212	243	13	44	75	105	136	166
1941	1993	2045	197	228	256	27	57	88	118	149	180	210	241	11
1942	1994	2046	42	73	101	132	162	193	223	254	25	55	86	116
1943	1995	2047	147	178	206	237	7	38	68	99	130	160	191	221
1944	1996	2048	252	23	51	82	112	143	173	204	235	5	36	66
1945	1997	2049	97	128	156	187	217	248	18	49	80	110	141	171
1946	1998	2050	202	233	1	32	62	93	123	154	185	215	246	16
1947	1999	2051	47	78	106	137	167	198	228	259	30	60	91	121
1948	2000	2052	152	183	211	242	12	43	73	104	135	165	196	226
1949	2001	2053	257	28	56	87	117	148	178	209	240	10	41	71
1950	2002	2054	102	133	161	192	222	253	23	54	85	115	146	176
1951	2003	2055	207	238	6	37	67	98	128	159	190	220	251	21
1952	2004	2056	52	83	111	142	172	203	233	4	35	65	96	126
1953	2005	2057	157	188	216	247	17	48	78	109	140	170	201	231
1954	2006	2058	2	33	61	92	122	153	183	214	245	15	46	76
1955	2007	2059	107	138	166	197	227	258	28	59	90	120	151	181
1956	2008	2060	212	243	11	42	72	103	133	164	195	225	256	26
1957	2009	2061	57	88	116	147	177	208	238	9	40	70	101	131
1958	2010	2062	162	193	221	252	22	53	83	114	145	175	206	236
1959	2011	2063	7	38	66	97	127	158	188	219	250	20	51	81
1960	2012	2064	112	143	171	202	232	3	33	64	95	125	156	186
1961	2013	2065	217	248	16	47	77	108	138	169	200	230	1	31

早見表２　太陽の紋章と音

太陽の紋章		
KIN	名称	音
1	赤い龍	音1
2	白い風	音2
3	青い夜	音3
4	黄色い種	音4
5	赤い蛇	音5
6	白い世界の橋渡し	音6
7	青い手	音7
8	黄色い星	音8
9	赤い月	音9
10	白い犬	音10
11	青い猿	音11
12	黄色い人	音12
13	赤い空歩く人	音13
14	白い魔法使い	音1
15	青い鷲	音2
16	黄色い戦士	音3
17	赤い地球	音4
18	白い鏡	音5
19	青い嵐	音6
20	黄色い太陽	音7
21	赤い龍	音8
22	白い風	音9
23	青い夜	音10
24	黄色い種	音11

太陽の紋章		
KIN	名称	音
53	赤い空歩く人	音1
54	白い魔法使い	音2
55	青い鷲	音3
56	黄色い戦士	音4
57	赤い地球	音5
58	白い鏡	音6
59	青い嵐	音7
60	黄色い太陽	音8
61	赤い龍	音9
62	白い風	音10
63	青い夜	音11
64	黄色い種	音12
65	赤い蛇	音13
66	白い世界の橋渡し	音1
67	青い手	音2
68	黄色い星	音3
69	赤い月	音4
70	白い犬	音5
71	青い猿	音6
72	黄色い人	音7
73	赤い空歩く人	音8
74	白い魔法使い	音9
75	青い鷲	音10
76	黄色い戦士	音11

太陽の紋章		
KIN	名称	音
105	赤い蛇	音1
106	白い世界の橋渡し	音2
107	青い手	音3
108	黄色い星	音4
109	赤い月	音5
110	白い犬	音6
111	青い猿	音7
112	黄色い人	音8
113	赤い空歩く人	音9
114	白い魔法使い	音10
115	青い鷲	音11
116	黄色い戦士	音12
117	赤い地球	音13
118	白い鏡	音1
119	青い嵐	音2
120	黄色い太陽	音3
121	赤い龍	音4
122	白い風	音5
123	青い夜	音6
124	黄色い種	音7
125	赤い蛇	音8
126	白い世界の橋渡し	音9
127	青い手	音10
128	黄色い星	音11

太陽の紋章		
KIN	名称	音
157	赤い地球	音1
158	白い鏡	音2
159	青い嵐	音3
160	黄色い太陽	音4
161	赤い龍	音5
162	白い風	音6
163	青い夜	音7
164	黄色い種	音8
165	赤い蛇	音9
166	白い世界の橋渡し	音10
167	青い手	音11
168	黄色い星	音12
169	赤い月	音13
170	白い犬	音1
171	青い猿	音2
172	黄色い人	音3
173	赤い空歩く人	音4
174	白い魔法使い	音5
175	青い鷲	音6
176	黄色い戦士	音7
177	赤い地球	音8
178	白い鏡	音9
179	青い嵐	音10
180	黄色い太陽	音11

太陽の紋章		
KIN	名称	音
209	赤い月	音1
210	白い犬	音2
211	青い猿	音3
212	黄色い人	音4
213	赤い空歩く人	音5
214	白い魔法使い	音6
215	青い鷲	音7
216	黄色い戦士	音8
217	赤い地球	音9
218	白い鏡	音10
219	青い嵐	音11
220	黄色い太陽	音12
221	赤い龍	音13
222	白い風	音1
223	青い夜	音2
224	黄色い種	音3
225	赤い蛇	音4
226	白い世界の橋渡し	音5
227	青い手	音6
228	黄色い星	音7
229	赤い月	音8
230	白い犬	音9
231	青い猿	音10
232	黄色い人	音11

25	赤い蛇	音12
26	白い世界の橋渡し	音13
27	青い手	音1
28	黄色い星	音2
29	赤い月	音3
30	白い犬	音4
31	青い猿	音5
32	黄色い人	音6
33	赤い空歩く人	音7
34	白い魔法使い	音8
35	青い鷲	音9
36	黄色い戦士	音10
37	赤い地球	音11
38	白い鏡	音12
39	青い嵐	音13
40	黄色い太陽	音1
41	赤い龍	音2
42	白い風	音3
43	青い夜	音4
44	黄色い種	音5
45	赤い蛇	音6
46	白い世界の橋渡し	音7
47	青い手	音8
48	黄色い星	音9
49	赤い月	音10
50	白い犬	音11
51	青い猿	音12
52	黄色い人	音13

77	赤い地球	音12
78	白い鏡	音13
79	青い嵐	音1
80	黄色い太陽	音2
81	赤い龍	音3
82	白い風	音4
83	青い夜	音5
84	黄色い種	音6
85	赤い蛇	音7
86	白い世界の橋渡し	音8
87	青い手	音9
88	黄色い星	音10
89	赤い月	音11
90	白い犬	音12
91	青い猿	音13
92	黄色い人	音1
93	赤い空歩く人	音2
94	白い魔法使い	音3
95	青い鷲	音4
96	黄色い戦士	音5
97	赤い地球	音6
98	白い鏡	音7
99	青い嵐	音8
100	黄色い太陽	音9
101	赤い龍	音10
102	白い風	音11
103	青い夜	音12
104	黄色い種	音13

129	赤い月	音12
130	白い犬	音13
131	青い猿	音1
132	黄色い人	音2
133	赤い空歩く人	音3
134	白い魔法使い	音4
135	青い鷲	音5
136	黄色い戦士	音6
137	赤い地球	音7
138	白い鏡	音8
139	青い嵐	音9
140	黄色い太陽	音10
141	赤い龍	音11
142	白い風	音12
143	青い夜	音13
144	黄色い種	音1
145	赤い蛇	音2
146	白い世界の橋渡し	音3
147	青い手	音4
148	黄色い星	音5
149	赤い月	音6
150	白い犬	音7
151	青い猿	音8
152	黄色い人	音9
153	赤い空歩く人	音10
154	白い魔法使い	音11
155	青い鷲	音12
156	黄色い戦士	音13

181	赤い龍	音12
182	白い風	音13
183	青い夜	音1
184	黄色い種	音2
185	赤い蛇	音3
186	白い世界の橋渡し	音4
187	青い手	音5
188	黄色い星	音6
189	赤い月	音7
190	白い犬	音8
191	青い猿	音9
192	黄色い人	音10
193	赤い空歩く人	音11
194	白い魔法使い	音12
195	青い鷲	音13
196	黄色い戦士	音1
197	赤い地球	音2
198	白い鏡	音3
199	青い嵐	音4
200	黄色い太陽	音5
201	赤い龍	音6
202	白い風	音7
203	青い夜	音8
204	黄色い種	音9
205	赤い蛇	音10
206	白い世界の橋渡し	音11
207	青い手	音12
208	黄色い星	音13

233	赤い空歩く人	音12
234	白い魔法使い	音13
235	青い鷲	音1
236	黄色い戦士	音2
237	赤い地球	音3
238	白い鏡	音4
239	青い嵐	音5
240	黄色い太陽	音6
241	赤い龍	音7
242	白い風	音8
243	青い夜	音9
244	黄色い種	音10
245	赤い蛇	音11
246	白い世界の橋渡し	音12
247	青い手	音13
248	黄色い星	音1
249	赤い月	音2
250	白い犬	音3
251	青い猿	音4
252	黄色い人	音5
253	赤い空歩く人	音6
254	白い魔法使い	音7
255	青い鷲	音8
256	黄色い戦士	音9
257	赤い地球	音10
258	白い鏡	音11
259	青い嵐	音12
260	黄色い太陽	音13

太陽の紋章

01

赤い龍

責任感はナンバーワン!
母性あふれる世話焼き女房タイプ

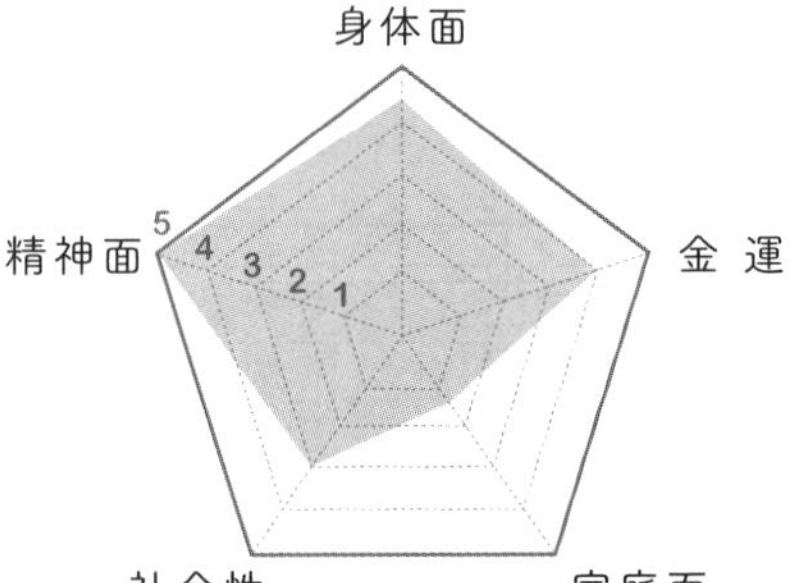

◆特徴

赤い龍のあなたは、とても行動的でエネルギッシュ。「これは！」と思うと、考えるより先に体が動いてしまうタイプです。

また、龍が水とともに天に舞い上がっていくように、高所から物事を見渡すことができる広い視野を持った人。とても広い心の持ち主です。

太陽の紋章の一番目ということもあって開拓者精神があり、失敗を恐れず、新しいことにも果敢にチャレンジしていく力強さがあります。

たとえるなら、雑草や木が生い茂る荒地に「私が行って来る！」と自ら斧《おの》を持って進み、雑草を刈って木を切り倒し、新しく道をつくります。そして、「道もできたし、ヘビもいないから大丈夫。さあ一緒に行こう！」とみんなを導いてくれる先駆者のような存在です。

責任感の強さはナンバーワンです。「私がやらなきゃ」と仕事をきっちりこなします。面倒見がよく、「ギブ・アンド・ギブ」の姿勢で相手に尽くしがち。相手から感謝されることで自分の存在意義を見出すところがあります。プライドも高いあなたは、人に頼ることが苦手。「人に借りをつくるなんてもってのほか！」と、ついひとりで抱え込みすぎてしまう面もあります。それは、「心配をかけたくない」という優しさからくるものでもあります。仲間や家族に対するプライドは半端ないです。

◆恋愛・結婚

恋愛にはとても一途です。「この人！」と思った相手にはとことん尽くし、愛し続けます。また、役職が高い、高収入、高学歴など、ハイスペックな人を選ぶ傾向にあります。

自分が選んだ友達、家族、パートナーに絶対の自信と誇りを持っているので「私のパートナー、すごいのよ」と相手を褒めまくるため、相手はあなたといると心地よさを覚えます。

お世話をしたいほうなので、年下や甘え好きの末っ子などが合うでしょう。ですが、相手に尽くしすぎるとパートナーを「ダメ男」「ダメ女」にしてしまうこともあるので、注意が必要です。

◆行動・思考のクセ

人との絆を大切にするあなたは、いきすぎると相手との距離感が近すぎ、相手が引いてしまうことも。相手が家族なら「あなたには私がいるでしょ」「お母さんには私がいるから大丈夫」といつまでたっても子離れ、親離れできない状態に陥ることもあるでしょう。また、相手のスケジュールやお財布の中身など、「相手のことをすべて知りたい」という気持ちが強くなり束縛してしまう傾向もあります。

基本的には尽くす人ですが、相手からの見返りを求めるあまり、「あの人は何もしてくれない……」とグチが出てきたら要注意です。責任感が強い分、誰かに頼ったり甘えたりすることが苦手なのです。

社交的で、社会に出てどんどん活躍したいエネルギーを持っているため、専業主婦などで家におさまろうとすると不完全燃焼を起こしてしまいます。その結果、子どもに過干渉になったり、不倫に走ってしまうこともあるので注意しましょう。

◆向く仕事

人の誕生や人が亡くなる、病気になるなど、人の命に触れたときに才能が覚醒します。ですから、看護師などの医療関係や保育士、介護やペットのトリマーも向いています。

また、開拓者精神を発揮して自分で起業するのもいいでしょう。

0から1を生み出すようなクリエイティブな仕事にも向いています。

◆お金の縁

赤い龍の人は、もともとお金に縁があります。ただ浪費ぐせも強く、お金はあればあっただけ使うところがあります。また、衝動買いもしがちです。「念のため」と冷蔵庫にピザを何十枚も買いだめしていることも。買う前に一度冷静に「その商品が本当に必要か？」を考えましょう。

また、投資をするなど、学びのためにお金を使うとさらに「お金の巡り」がよくなるでしょう。また、子どもや親など身近な人たちのためにお金を使うのも、お金とのいい縁を深めます。

細かい節約は、はっきり言ってあまり向いていません。「テレビの電源はこまめに消す」などの節約に頑張ってしまうと疲れてしまい、家に帰りたくなくなるかもしれません。

紋章の龍は水との関係が深いので、風呂やキッチン、トイレなど、水回りをキレイにすると財運が上がります。特に蛇口を磨くといいです。

◆人間関係

群れるのが苦手。社交的ではありますが、人と接するのにとても気を遣うので、ひとりの時間を大切にしましょう。

距離の取り方が近くなりすぎる傾向にあるので、身近な人であればあるほど、適切な距離感を忘れずに。

◆健康

お風呂や温泉でゆっくり身体を休めるといいでしょう。半身浴もおすすめです。

財運アップに効く！

ラッキーアイテム　観葉植物

ラッキーカラー　ブラッドレッド

ラッキーブランド　アシックス、メルセデス・ベンツ、シボレー、P&G、エイボン、ドモホルンリンクル、メルカリ、ラルフローレン、アニエスベー、マークジェイコブス、マウジー、ニューバランス、ポルシェ、パナソニック、パテック フィリップ

ラッキー絵画（画家）　東山魁夷

おすすめ神社

戸隠《とがくし》神社　九頭龍《くずりゅう》社（長野県）……2000年余りの歴史

天《てん》神社（島根県）……病気や健康にまつわる神社

大御《おおみ》神社（宮崎県）……龍の目がある。昇り龍の洞窟

太陽の紋章

02

白い風

まっすぐで自由を求める、
ガラスのハートの持ち主

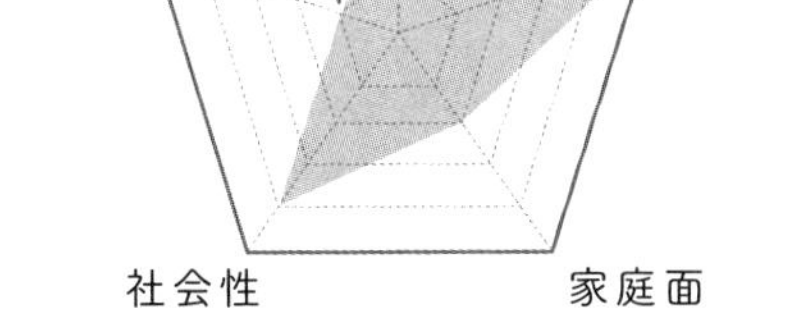

✦特徴

白い風のあなたは、とても繊細でとても細《こま》やか。人の気持ちが人一倍わかる人です。

ほかの人よりも「察知する力」が高いため、とても気が利く反面、傷ついてしまうことも多いガラスのハートの持ち主なのです。

素直で、嘘や裏切りを嫌います。一度、信頼関係が崩れてしまうと元通りに修復することがなかなか難しいです。

嘘がつけない性格なのでストレートな発言をしてしまいがちです。「正直に言ってなにが悪いの?」という率直さはときに相手を傷つけたり、トラブルのもとになったりするので、言葉には少し注意しましょう。

森や山を駆け抜ける風のように自由に行動し、束縛や干渉を嫌います。団体行動よりも、ひとりで思いのままに動き回りたいタイプです。

あなたが感動した体験について臨場感をもって話すなど、自分の思いをほかの人に伝える優れた能力があります。自分の考えやスタイルをしっかり持った、芸術的センスにあふれる人でもあります。ブレない、揺るがない信念を持った一面はかっこよくも映りますが、いきすぎると頑固と思われることも。

五感が研ぎ澄まされていて、感覚的に空気を読むことに長けているため、時代の流れをすばやくキャッチできます。「なんとなく」「虫の知らせ」など、五感を超えたシックスセンスの能力を発揮することも。

鋭い洞察力、高い共感能力の持ち主で、幸福体質でもあります。「すべてはうまくいく」と無意識に信じているところがあるのです。

◆恋愛・結婚

一緒に共感したり、感動したりできる人と長くつき合えます。男女ともに、さわやかで元気のいい人に惹かれがち。二人で一緒にランニングしたり、スポーツやアウトドアを楽しんだりするなど、健康的なおつき合いを好みます。

基本的に特定の好みのタイプはないのですが、強いて言うと「いい香りのする清潔感のある人」に惹かれる傾向があります。

ただ、自由な恋愛を好むので、束縛しない代わりに束縛されたくもありません。浮気性というよりも、惚れっぽくて飽きっぽい一面がありますす。相手は寛容な人のほうがいいかもしれませんね。

✦行動・思考のクセ

自分の思考や行動が「常識」で、すべて正しいと思いがちです。そのため、いきすぎると自分の意見を押しつけたり、考えを強要したりすることも。「良かれ」と思って取った言動によって、孤立につながることもあるので注意が必要です。親切の押し売りは、ときに相手には「押しつけがましい」と思われます。自分と違う考えや信念を持つ人がいることを、よく覚えておきましょう。

また、話を盛りすぎたり、噂話、ゴシップネタなどにワクワクしたりしたら要注意です。せっかく持ち合わせている、あなたの鋭い直感が鈍ってしまうかもしれません。

✦向く仕事

表現することが得意な白い風のあなたは、声や表現力を活かして、たくさんの人に情報や感動、共感をお届けする仕事が向いています。

具体的には、芸術家、デザイナー、ミュージシャン、作詞家や作曲家、映画監督、タレントや芸人、アナウンサーなどです。

また、他人の感情をすばやくキャッチでき、共感能力も優れているので、人の話を聴くカウンセラーや相談役などの仕事もいいでしょう。

✦お金の縁

感覚や直感で生きているので、その場の空気でお金を使う傾向にあります。

持ち前のポジティブ思考で「どうにかなるでしょ！」と、かなり「どんぶり勘定」という方も多いです。まずは「現状」を把握することからはじめましょう。今の収入と支出を知って、お金の仕組みについて学びましょう。

また、部屋の掃除も忘れずに。家の風通しが良くなると財運もアップします。

ほこりだらけ、カビだらけではせっかくの財運も逃げていきます。特に、玄関、窓、換気扇はキレイにして、風の通り道をつくりましょう。

また、人間関係の風通しを良くすることで、財運がアップします。親子、友人、仕事関係などで、しっかりとコミュニケーションを取りましょう。ただし、「親しき仲にも礼儀あり」を忘れずに。また、親しいからこそ、お金の貸し借りはクリーンを心がけましょう。

◆人間関係

白い風のあなたは、一期一会を大事にします。その日、そのときに出会った人との触れ合いを楽しむのです。自由な人間関係を好みますので、来るもの拒まず去るもの追わず、というところがあります。

「オープンマインド」を心がけることで、より人間関係がスムーズになるでしょう。

◆健康

風は呼吸と関係が深いので、深呼吸、ヨガ、気功、ピラティスなどがいいでしょう。まずは自律神経を整えて。頭に血が上ったときも一呼吸置いてしゃべることで、精神的なストレスも緩和できます。ストレスをため込むと運気もダウンするので、定期的に発散するようにしましょう。

財運アップに効く!

ラッキーアイテム 扇子

ラッキーカラー スノーホワイト

ラッキーブランド グッチ、ジルスチュアート、NISSAN、日野自動車、資生堂、カネボウ、ランコム、ユニリーバ、バーバリー、マイケル・コース、ヒューゴ・ボス、LANVIN、ザ・ノース・フェイス、HONDA、キヤノン、ブリヂストン、任天堂、富士通

ラッキー絵画(画家) ドガ、マティス、ヒロ・ヤマガタ、ポール・シニャック、クリスチャン・ラッセン、岡本太郎、バンクシー

おすすめ神社

風日祈宮《かざひのみのみや》（三重県）……神風を吹かす

風神神社（岐阜県）……まんま風神

宗像《むなかた》大社（福岡県）……傷ついた心を癒し、スピリットを高めてくれる

太陽の紋章

03

青い夜

クールに夢を現実に変えていく、
マイペースなロマンチスト

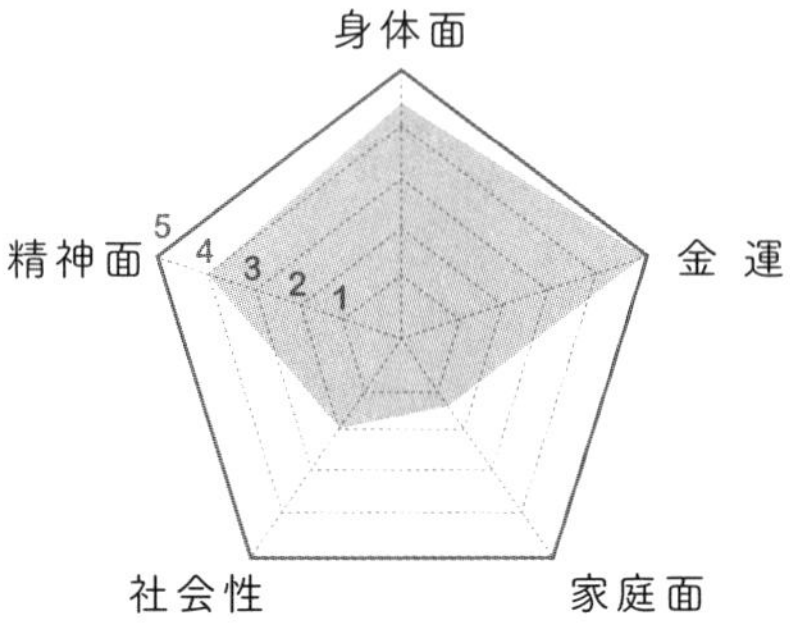

◆特徴

青い夜のあなたは、とても神秘的でロマンチスト。独自の世界観を持ち、どこかミステリアスなオーラを放っています。一見、何を考えているのかわからず、つかみどころがないように思われがち。夜を身にまとっていることもあり、生活感がなくてプライベートが見えにくいところがあります。それがまた魅力を増しています。

夢を現実に変える力を持っていて、リアリストな一面も。現状をしっかり把握し、地に足をつけて努力を惜しまず行動し、最後まであきらめません。経済的なセンスもあって、時間とお金を大切にします。

マイペースなところがありますが、約束事やルールはしっかり守るタイプ。そのためルーズな人に会うと嫌な気分になり、心を閉ざすことも。

自分のペースやスタイルをよく理解しているので、周囲に合わせるのではなく、マイペースに気ままに過ごすほうがリラックスできます。

苦労や苦悩を乗り越えてきたあなたの生きざまは、人に夢と希望を与えます。明確な目的を持っているほうが、本領を発揮します。

思い立ったらすぐに行動することが開運のカギ。「なんとなく、ここに行ってみたくなった」「ちょっとやってみよう」と感じたことは積極的にチャレンジしましょう。「意外とうまくいった！」というケースも多々あることでしょう。

◆恋愛・結婚

一見クールな印象とは裏腹に、恋愛面ではとてもロマンチストでセクシーな面も。優雅な時間や夢のような空間でのデートは最高です。お互いのペースを大切にするので、ゆっくり、じっくりと愛を温めていきます。押しが強かったり、強引さが目立ったりすると一気に愛が冷めることも。

夢に向かって頑張る相手の姿に惹かれる傾向があります。お互いの世界観を大切にし、あるときは恋人、またあるときには友人や家族といった関係が居心地良く感じるでしょう。恋愛や結婚の理想的な関係を築くといえます。

恋人や夫婦になると、どんどん距離が縮まって「本当の自分」をさらけ出せるようになります。自分の心に正直になればなるほど、恋愛や結婚の満足度もアップすると言えそうです。

◆行動・思考のクセ

一度、気分が落ち込むとどんどん闇に陥り、とことんネガティブになっていきます。一方、人前では必要以上に愛嬌を振りまき、自分のホンネはひた隠してしまう。そんなとき、目は笑っていません。そして、ひとりになるとどっと疲れ、気分はさらに落ち込みます。そのうち、人と交流すること自体が面倒になり、孤独を選んでしまうことも。自分の心にシャッターを閉めてしまうのです。

そうなると、協調性がなくなって頑固になり、独りよがりになってしまう傾向も。マイペースが度を越して、自分勝手にならないよう、客観的な目を持つことを忘れないようにしましょう。

✦向く仕事

金銭感覚が抜群に優れているので、経営や投資に向いています。実業家として活躍する可能性大です。具体的には、経営コンサル、FP、企業の経理や銀行員、税理士など、経済や金融関係などに携わるといいでしょう。また、自分で夢をかなえるだけでなく、相手に夢を与えることも得意です。独自の世界観を発信できる仕事も向いています。

✦お金の縁

予算を立てたり、お金を貯めたりする際には目標金額を決める、というように目的を持ってお金を扱いましょう。すると、持ち前の経済観念のスイッチがオンになり、お金の流れが格段によくなります。

また、未来への投資や実生活に彩りを与えるためにお金を使うと財運は爆上がりします。財布のひもを締めるときは締め、緩めるときは思いきって開く。メリハリのある使い方をしましょう。

もともと金運はいいので、必要以上にお金の心配をする必要はありません。「いくらお金を貯めるか？」ではなく、「夢をどうやって実現させるか？」に時間と労力をかけるとお金と仲良くなることができます。

夢とお金は常にセットです。ただ「お金がほしい」だけでは、お金とは仲良くなれません。

また、青い夜の人は夜の過ごし方が金運に直結します。寝室はきちんと整えて、睡眠の質を高めましょう。寝つきはいいですか？　朝はすっきりと目覚めていますか？　自分に合ったベッドや枕を選ぶなど、心が軽やかで豊かに感じられるよう、寝具や寝室にはこだわりましょう。

◆人間関係

いつもは「誰かに誘われたから参加する」というように、どちらかというと受け身のタイプ。ですが、本当に心から通じ合うと感じた人は自分から誘います。

また、大勢とつき合うよりは一人ひとりと丁寧におつき合いすることを好みます。ゆっくりお茶やお酒を酌み交わし、時間をかけて少しずつ歩調を合わせていくのです。自分のペースを守れる人、歩調が合う人との関係は長く続くでしょう。

健康

心に引っかかることは、その日のうちに解決しておきましょう。心の状態が身体と直結します。特に、夜の過ごし方が重要です。夜のスマホやパソコンは控えめに。ゆっくりとお風呂に入ったら、アイマスクでリラックスするなど、質のいい睡眠のために準備を整えましょう。

財運アップに効く！

ラッキーアイテム 貯金箱

ラッキーカラー ブラック

ラッキーブランド ヴァレンティノ、ノリタケ、HONDA、POLA、ソニー、富士通、リーバイス、リプレイ、イエナ、アルフレッド、パタゴニア、ナイキ、プーマ、シスレー、日立、スバル、ファンケル、楽天

ラッキー絵画（画家） サルバドール・ダリ、ジョルジュ・スーラ

おすすめ神社

金劔宮《きんけんぐう》（石川県）……金運最強神社

穴八幡宮（東京都）……金融融通の神様

叶《かのう》神社（神奈川県）……夢をかなえる

太陽の紋章

04

黄色い種

好奇心旺盛で、知識や情報をじっくり
掘り下げ、伝える教授タイプ

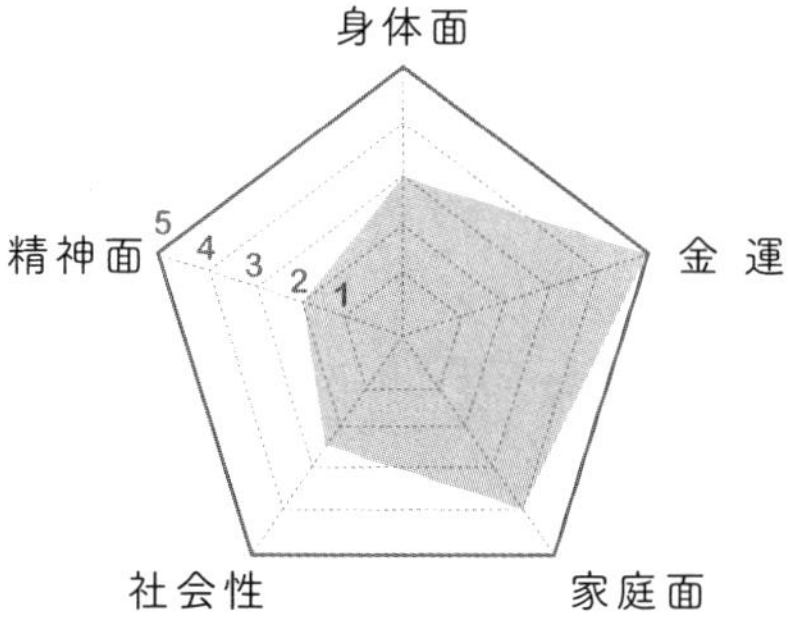

✦特徴

黄色い種のあなたは、知的好奇心がとても旺盛。物事の起源や成り立ち、原因など、根本的なことを知りたいと感じます。学習意欲が高く、常に「なぜ?」「どうして?」と考え、納得するまで調べることもまったく苦になりません。時間を忘れて本を読んだり、情報を集めたりすることも多いでしょう。また、集めた情報をもとに、まとめたり、組み合わせたりするのも得意です。

聞き上手で、人の経験や体験をうまく引き出します。ただし、やりすぎるとしつこいとか、くどいとか思われてしまうので、ほどほどに。

また、観察力に優れているので、ほかの人なら見逃してしまうことを発見することも多いでしょう。人のいいところにすばやく気づき、その人の隠れた才能や能力を引き出す力があります。「金の卵」を見つける先見の明も。また、気が利くので、周囲の人から頼られ、責任ある立場を任されるでしょう。

研究者肌なところがあり、自分が納得するまで妥協しない頑固な一面もあります。「雑学王」と呼ばれるほど、知識や情報の量は半端ないです。

黄色い種のあなたは、種から芽が出て、つぼみが膨らみ、花が咲き、やがて実になるように、じっくりと時間をかけて愛を育んでいきます。

そのプロセスも大切に味わいたいのです。出会いから結婚に至るまで、すべてにおいて理想を持っています。

相手のスケジュールはきちんと把握しておきたいタイプ。誰と、どこに行くのか？　何時に帰るのか？　など、情報交換やコミュニケーションがしっかり取れていると、良好な関係が築けます。

また、記念日や誕生日、大切な思い出、趣味嗜好《しこう》などもしっかり覚えているので、パートナーは喜びます。逆に、相手がそれらを忘れたり、覚えていなかったりすると気持ちが冷めることもあるでしょう。

いきすぎると、1から10まですべて把握しないと気が済まなくなり、煙たがられることも。やや話が長く、理屈っぽくなりがちな点も注意。

◆行動・思考のクセ

慎重でリスクを恐れて、殻に閉じこもる傾向にあります。けれど、種は芽を出し、花を咲かせてなんぼです。リスクを恐れすぎず、前向きにチャレンジしてみましょう。日の当たるところに出ることで大輪の花を咲かせ、人々に元気と勇気、そして喜びを与えることがきっとできるでしょう。

気分が少し落ち込むと、「どうせ私なんて……」「そんなこと言ったって無理に決まっている……」と卑屈になり、自分を過小評価しがち。

逆に、やりたいことが見つかると、あれもこれもと同時に手を出したくなりますが、それではすべてが中途半端になって何ひとつ終わらない結果になるばかりです。まずはひとつずつ、順番に咲かせるよう心がけましょう。

◆向く仕事

誰かに丁寧に細かくわかりやすく教えたり、指導したりする職業が向いています。具体的には、教師、コーチ、トレーナーなどです。

また、ひとつのことを掘り下げて追求し、研究する仕事も合っているので、学者、研究職、専門家などもいいでしょう。

相手の話を聞いて、才能や特技を見つけるのが得意なので、コーチング、マネージャー、アドバイザーなどもおすすめです。

◆お金の縁

時間をかけてコツコツやり続けることが得意なので、貯蓄に向いています。投資などお金の運用について学ぶと、金運は一気にアップするでしょう。

節約しすぎてケチにならないように気をつけてください。生きたお金の使い方をしましょう。

「自分がすべてだ」と考える頑固な一面がありますが、「世の中は多様性にあふれていて、自分の経験がすべてではない」と考えて、柔軟に対応できると、財運はアップし、もっともっと開花するはずです。

好奇心が旺盛でいろいろなことを学びたくなりがちですが、優先順位をつけて少しずつスキルアップすることが大切です。

また、見切り発車は禁物です。自分で納得するまで調べ、「これなら大丈夫」と思ったことにお金を使うと、お金との相性は良くなります。

自分のことを後回しにしがちですが、自分へのご褒美も忘れずに。

✦人間関係

その場限りの関係や表面的なおつき合いは苦手。相手とはきちんとつき合っていきたく、相手のことを大切にしたいので理解しようと努めます。また、自分のことも知ってほしいと考えます。積極的にコミュニケーションをはかることで、人間関係はよくなるでしょう。

✦健康

頭や肩などの「コリ」に気をつけましょう。できるだけ頭を休めたり、肩の力を抜いたりすることが大切です。種には栄養がなにより重要。

身体の栄養はもちろん、心の栄養も忘れずに。自分の好きな音楽、映画、絵画など、時間に余裕があるときは、好きなものに触れましょう。

また、こまめに水分をとり、身体の巡りをよくしましょう。

財運アップに効く！

ラッキーアイテム 目覚まし時計

ラッキーカラー サフランイエロー

ラッキーブランド アバクロンビー＆フィッチ、アナイ、伊万里焼、TOYOTA、ジャガー、シャープ、AMAZON、イヴ・サンローラン、コンバース、エル・ブランズ（ヴィクトリアズ・シークレット）、フェラーリ、ノエビア

ラッキー絵画（画家） 岡本太郎、ベラスケス、ルノワール

おすすめ神社

太宰府天満宮（福岡県）……学問の神様

玉前《たまさき》神社（千葉県）……芽吹き　新たな始まり

北海道神宮（北海道）……耐え抜き、人生の大輪の花を咲かせる

太陽の紋章

05

赤い蛇

五感を働かせ、目的に向かって
エネルギッシュに突き進む情熱家

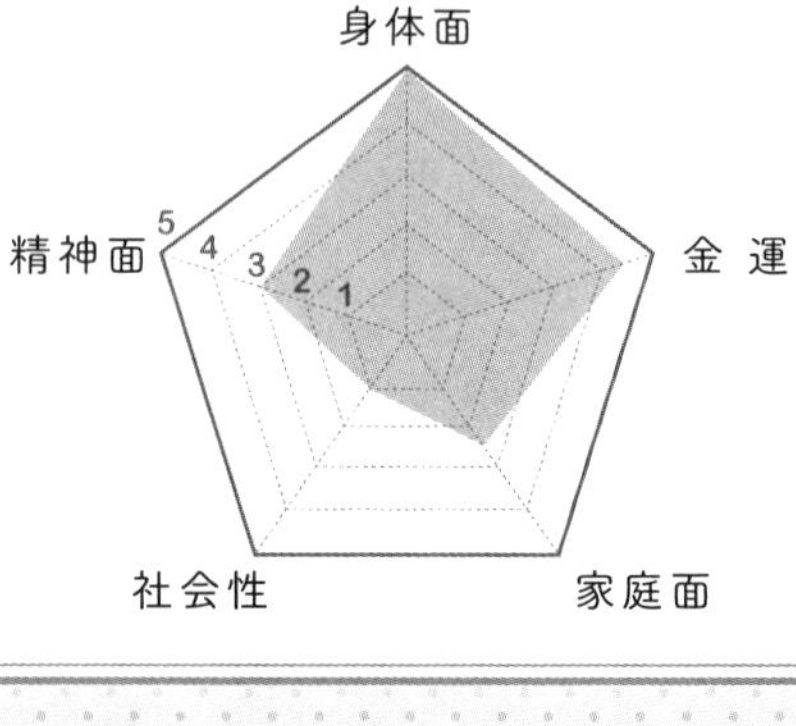

✦特徴

赤い蛇のあなたは、とてもパワフル。持ち前の集中力と粘り強さで、狙った獲物は絶対逃しません。また、本能的な直感力と洞察力で真実を見抜くので、相手の嘘も見破ってしまうこともしばしば。

正義感にあふれていて、何事も白黒はっきりさせようとするところがあります。決断力に富み、なんでもズバッと決めてしまいます。回りくどいことが苦手なのです。

また、五感の感受性が優れています。特に触覚はピカイチ。肌で感じるだけでなく、その空気やオーラを近くで感じるだけでその善し悪しがわかってしまいます。

運動神経もバツグンで、頭の回転も速く機転が利きます。細かいことに気がつくぶん神経質で、気の遣いすぎで疲れてしまうことも。人や社会の目が気になりすぎると、思うように行動を起こせなくなり、本来持っている才能や能力が上手に発揮できません。

シャイな一面もあり、初対面の人には自分から話しかけられないタイプ。愛嬌を振りまかないので、「無愛想な人」と思われることもしばしばあるでしょう。

赤い蛇の人は、人と直接的に交流することが大切です。信頼のおける人と実際に会って話をしたり、愛する人とハグしたりすることで、日頃から研ぎ澄ませている神経は癒されるはずです。

本能的で欲望に忠実なので、常にホンネで生きることを望んでいます。空気を読んだり、「嫌われたらどうしよう」と悩んだり、「我慢してでもいい人と思われよう」と自分を取りつくろうとすると、本来持ち合わせている豊かな感情がなくなってしまいます。

✦恋愛・結婚

情熱的な赤い蛇は、燃えるような恋をします。「そんな恋愛はしていない」という方でも、「燃えるような恋をしてみたい！」と心の奥底では願っているはずです。「この人だ！」とピンとくる人がいたら直球勝負で、決してあきらめません。恋愛関係を結び、深くかかわり合っていきながら、お互いを高め合っていく関係を築こうとします。実はベタベタしたいし近くにいたいのに、甘え下手のため、素直に気持ちを表現できません。

自分の大切な人にはとことん尽くすタイプ。相手が浮気をしたり、自分にそっけない態度を取ったりすると、怒りが爆発したり、イライラを募らせたりします。過去の失恋は引きずる傾向があるため、それがトラウマになって恋愛に臆病になってしまうことも。

ホンネでぶつかり合うような恋愛結婚が長続きします。

✦行動・思考のクセ

過去の失敗や恋愛など、自分にとってのネガティブな出来事をいつまでも根に持ち、引きずりがちです。蛇のようにその場から脱皮できず、グルグル巻きになって、自分で自分をがんじがらめにして、首をしめて窒息してしまうこともあるでしょう。

また、正義感が強すぎて、相手を裁くジャッジ・モードになると、相手をとことん批判し、やっつけてしまいがち。世の中には、白と黒だけではなく、「グレー」も存在することを忘れないようにしましょう。

誰にも頼らず単独行動を取りがちです。そのため、人間関係も希薄になりやすい面も。内にこもり、人とコミュニケーションを取る機会が減ると、嫉妬や恨み、怒りが外へと向いてしまうので注意が必要です。

◆向く仕事

物事を見極め、真実を追求することが得意なので、ジャーナリスト、弁護士、警察官、審判、裁判官などに向いているでしょう。

また、運動神経はバツグンですから、アスリートなどプロスポーツに関わる仕事や、ダンサー、振付師、競争・レース競技系などもいいです。睡眠、バランスなどに関わる職業も合っています。

◆お金の縁

お金に対して、いい意味でも悪い意味でも執着があります。必要以上に執着すると、逆にお金に振り回されてしまいます。必要以上の執着を手放すためには、しっかりとした目標、目的を持ってお金を貯めたり使ったりすることです。そうすれば、金運は必ずアップします。

もともとお金にはご縁のある紋章なので、過剰な心配はしないこと。怒りをため込んでいたり、心が不安定だったりすると、衝動買いや豪遊などで散財しがちなので、注意が必要です。

チャンスが来たときにすぐ動けるよう、お金を投資し運用しましょう。もともとコツコツ貯めるのが得意ですが、金運はさらにアップするでしょう。感情をうまくコントロールできるようになると、不思議とお金の巡りも良くなっていきます。もし「金運が下がっているな」と思ったら、まず自分の感情が乱れていないか？　バランスは取れているか？を見直してみてください。

✦人間関係

人間味もあり情熱的でもあるので、人とは深く長いおつき合いができます。ただし好き嫌いがはっきりしているので、それほど友達が多いほうではないでしょう。自分にも相手にも「ホンネ」を求めるところがあります。きついと映る人もいるかもしれませんが、味方につけると「最強の助っ人」になってくれる頼もしい一面があります。

損得感情が働き、自分に利益がないと判断すると、スパッと切り捨てたり、トーンが下がったりする傾向があるので、注意が必要です。

健康

赤い蛇の健康面で一番大切なのは睡眠です。また、常に目をこらし神経を張り詰めているので、目はよく休ませてあげましょう。いかにリラックスできるかがコツです。

ときにはパソコンやスマホを放り投げて（笑）、自然いっぱいの場所で遠くを眺めると、心身ともに元気になれるはずです。

財運アップに効く！

ラッキーアイテム　抱き枕

ラッキーカラー ファイヤーレッド

ラッキーブランド イヴ・サンローラン、カルバン・クライン、セルフォード、ダンヒル、KENZO、SNIDEL、マツダ、マッキントッシュ、バリー、シュプリーム、ボルボ、ブレゲ、ヴァシュロン・コンスタンタン、TOTO

ラッキー絵画（画家） エゴン・シーレ、濱田庄司、ルーベンス、ピーター・ドイグ

おすすめ神社

香取《かとり》神宮（千葉県）……目標を達成

白鬚《しらひげ》神社（滋賀県）……迷いを捨て直感で身体をガイドする

蛇窪《へびくぼ》神社（東京都）……脱皮と成長の神社

太陽の紋章

06

白い世界の橋渡し

この世とあの世をつなぐ、
スケールの大きなキューピッド

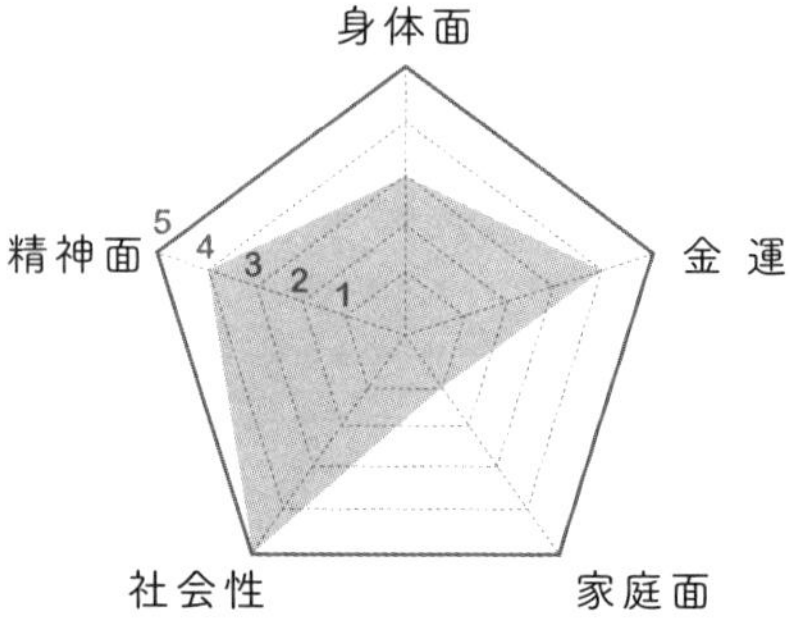

✦特徴

白い世界の橋渡しのあなたは、この世とあの世をつなぐ人。

ご先祖様との関わりがとても深く、送り人になることも。目には見えない世界に興味がある人も多いです。「橋渡し」という名の通り、つなぎ目や境界線を自在に行ったり来たりしながら、人と人を潤滑油のように循環させるのが得意です。ときには人と地域、社会や国の場合も……。ご縁をつなぎ、マッチングさせるキューピッド役をすることも多いでしょう。

平和主義で、争いごとを嫌います。コミュニケーション能力に長け、どんなジャンルの人とも臆することなく交流を持てる能力を持っています。「人に喜んでもらいたい」「楽しんでもらいたい」というおもてなしの心があり、かゆいところに手が届く細やかな部分も持ち合わせています。ただし、気を遣いすぎて疲れてしまい、人と会うことが億劫になってしまったら要注意です。

世界に目を向けるなど、非常に国際的でスケールが大きい人が多いのもこの紋章の特徴。「破天荒で型破り」と言われることもありますが、大物感は半端ないです。

基本的に、あまり目立つのは得意ではなく、表舞台よりは裏方の頼れるリーダーとして能力を発揮することが多いです。人に評価してもらえない、褒めてもらえないと思うこともときにはあるかもしれませんが、見てくれている人は必ずいます。実は、あなたには「隠れファン」が数多くいるはずです。

◆恋愛・結婚

恋愛のスケールも大きいあなたは、相手の文化をリスペクトして受け入れることができるので、国際恋愛や国際結婚にも向いています。遠距離恋愛もお手のもの。世界観の広い人にはイチコロです。ケチで細かい人や、無愛想で場の空気が読めない人は大嫌いです。

ふだん、人のお世話で忙しいので、恋愛や結婚ではパートナーに甘えられる、言いたいことが言えるような関係を望みます。

自分から積極的になるほうではないので、まずはお友達からとか、共通の趣味から恋愛に発展するパターンが多いです。自分を自由に解放してくれるようなパートナーと出会えたら、「猫まっしぐら」ではなく、「幸せロードまっしぐら」は間違いなしです。

✦行動・思考のクセ

人の役に立ちたい、喜んでもらいたいと思う気持ちが強くなりすぎると恩着せがましくなり、見返りがないと怒り爆発！ などということも。せっかくの御恩も押し売りでは「ありがた迷惑」になってしまうだけ。やりすぎには注意しましょう。

自分の思い通りにならないと気が済まないところがあり、相手をコントロールするために陰で小細工しようと考える、腹黒い一面が顔を出します。また、「これは私がやったのよ」と自分の手柄を誇張しすぎると、かえって小物に見られて煙たがられるだけ。あちらにもこちらにも、いい顔をしすぎて「八方ブス」にならないようにしましょう。

◆向く仕事

コミュニケーション能力が高く、人との仲介役を得意とするあなたは、人や企業をマッチングさせる仕事に向いています。

具体的には、キャリアアドバイザー、終活アドバイザー、婚活アドバイザーなどのアドバイザーや仲人《なこうど》さんなどです。また、医師や看護師、葬儀関係など、人の「誕生と死」にまつわることもいいでしょう。

政治家、貿易関係など、国際的な職業にも向いています。

◆お金の縁

人間関係を深めコミュニケーション能力を上げるため、また海外のいろいろな文化を知り、活かすためにお金を使いましょう。世界の情報に敏感になり、自分に有益な情報を人にも惜しみなく与えましょう。「あなたのおかげ」と感謝されればされるほど、お金とのいい循環が生まれます。

海外旅行などで見聞を広めるのもいいでしょう。外国に行かなくても、世界各国の料理を知り、食を通じてコミュニティーを広げることで金運もアップします。世界中のチャンスを手にするため、信頼関係を深め、「人財」を蓄えておくといいでしょう。

また、ご先祖様と深い関係にあるので、ご先祖様の供養やお墓参りは忘れずに。心を鎮め、目に見えないサポートに守られていることに気づくことも財運アップにつながります。

◆人間関係

誰とでも対等で公平なおつき合いができます。コミュニケーション能力があるので、どんな人にも物怖じせず対応できるのです。不穏な空気が漂ったときには、その空気をガラリと変える強力な助っ人として活躍するでしょう。

外の人にばかり気を配りすぎて、家族や身近な人をおろそかにしないよう気をつけましょう。

◆健康

人間の身体も心も、大きな血管や神経でひとつにつながっています。

ですから、血流をよくして、気の滞りがない状態でいることが健康につながるのです。温かいお風呂にゆっくりと浸かる時間を大切にしましょう。

また、ストレスは気が滞る原因にもなるので、カラオケで歌う、好きなスポーツをする、買い物をするなど、日頃から適度なストレス発散を心がけるといいでしょう。

財運アップに効く！

ラッキーアイテム パソコンや携帯

ラッキーカラー フォレストグリーン

ラッキーブランド バーバリー、マークジェイコブス、ヒューゴ・ボス、メルローズ、BIGI、マリメッコ、デサント、ノースフェイス、ヴァシュロン・コンスタンタン、ミズノ、セイコー、エルメス、クリスチャン・ディオール、バレンシアガ、ジバンシィ

ラッキー絵画（画家） セザンヌ、奈良美智

おすすめ神社

宇佐神宮（大分県）……文武の神、平和、国家安全

出雲大社（島根県）……縁結びの神様の王道

熊野神社（愛知県）……人と神々をつなぐ

太陽の紋章

07

青い手

「ゴッドハンド」で一歩一歩、着実に
成果を上げる癒しの人

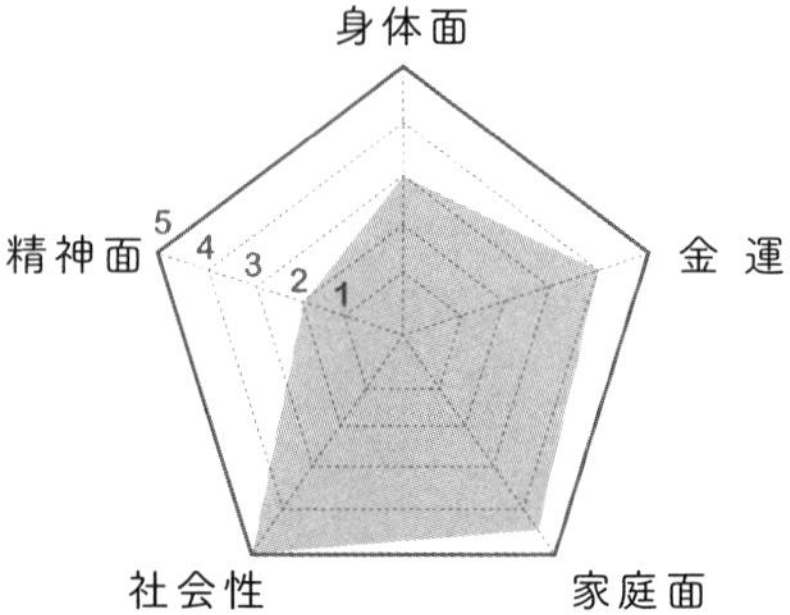

◆特徴

青い手のあなたはとても優しく、献身的に尽くすタイプ。相手の痛みや苦しみが手に取るようにわかる人です。その優しさは、人だけでなく動物や植物にも向けられます。ときに優しすぎて断れなかったり、はっきり決断できなかったりして、「優柔不断」と思われてしまうことも。

自分に自信がない人も多いので、自信をつけるためにできることを少しずつやっていき、小さな成功体験を積み重ねていくといいでしょう。

手先はとても器用です。「手当て」という言葉がありますが、手を使い、手間暇をかけることで、着実に成果を上げることができます。そんな「ゴッドハンド」はあなたの大きな武器になるでしょう。

「知りたい」「学びたい」という学習意欲は人一倍旺盛で、経験を重ねながらひとつずつ物事を習得していきます。まじめに情報を分析、把握し、時間をかけてじっくりと自分のものにしていくのです。

宝くじは買わなければ当たらないのと同じで、行動を起こさなければチャンスはつかむことができません。まずは動いてみて。

生き方はどこか不器用なところがあり、方向音痴な一面も。

しかし、何事も一つひとつ健気に丁寧に進める姿に、周囲の人は癒され、安心感を覚えます。

◆恋愛・結婚

典型的な尽くすタイプです。くつ下もパンツもはかせてあげるくらい、尽くして、尽くして、たとえ捨てられても、また尽くしてしまうところがあります。「この人！」と思ったらあの手この手で相手を落としにかかり、持ち前の優しさと誠実さで確実に相手をゲットします。

おしゃべりが大好きなので、会話が弾んだり、意気投合したりするところから恋愛へと発展していくケースも多いでしょう。自分を癒すのはあまり得意ではないので、一緒にいて癒されたり、優しい気持ちになったりする相手とうまくいきます。

また、家庭的な人を好む傾向にあります。手料理でもてなしたり、もてなされたりするなど、アットホームな関係が築けたら、もうウハウキです。

自分から手離すタイプではないので、どんな状況であっても自分から別れを切り出すことはありません。

恋愛関係もゆっくり育んでいきたいので、相手がぐいぐい押してくると嫌気が差し、気持ちも冷めてしまうかも。恋愛や結婚でも経験がものを言います。つらい体験をした人ほど、恋愛上手になります。

◆行動・思考のクセ

意外と打たれ弱いところもあり、結果を手にできず、希望が手からこぼれ落ちると、落ち込みがちです。

また、独占欲が強く、すべてを手に入れたい、完全に把握したいと考える一面も。ときにわがままになることもあるでしょう。すべてを手にすることが成功だと勘違いしてしまうと、逆にすべてのチャンスが去っていきます。人のものがほしくなり、強引に奪ったり……。いきすぎると悪に手を染めてしまうことにもなりかねません。

疲れていたり、満たされていなかったりする状態でほかの人の世話を焼くと、見返りを求め、愚痴や不満が出て爆発することも。自分を癒し、満たすことを忘れないようにしましょう。

◆向く仕事

手先を使う仕事、丁寧で細かい作業が向いています。具体的には、料理人、外科医、画家やイラストレーターなど。

また、ヒーラー、エステティシャン、セラピスト、マッサージ、整体師など、体や心を癒すお仕事もいいでしょう。

◆お金の縁

これまでやったことがないような、経験に積極的にお金を使いましょう。新しい経験を通して自分に足りないものがわかり、課題が見つかることも。そこから持ち前の知的好奇心が発揮されて、どんどんレベルアップしていきます。それに応じて、いつの間にかお金がついてくるのです。

また、面倒だなと思うことを後回しにせず、「すぐやる」を習慣化するといいでしょう。「チャンスの神様は前髪しかない」と言いますが、優柔不断になって決断できずにいると、せっかくのチャンスを逃してしまいますよ。

青い手のあなたは、状況や要点をすぐに把握できる能力を持ち合わせているので、お金を持っている人や憧れの人の真似をしてみるのもいいでしょう。自然とお金と仲良くなる秘訣を体得できるはずです。

また、掃除は超おすすめです。特に、トイレ掃除や換気扇など、一見誰もがイヤがりそうな場所をキレイに磨くと、お金の神様が全力で応援してくれます。

◆人間関係

相手の心の中に、すっと入ることができる人です。いつの間にか輪の中に溶け込んでいけるのです。お人好しで優しく、相手の気持ちもわかるので、良き相談役にもなるでしょう。ただ、言いたいことが言えなくて、人疲れすることもしばしば。疲れきってしまう前に、癒しの場所でリセットすることをおすすめします。

◆健康

コンビニやデパ地下のお惣菜など出来合いのものよりも、愛情のこもったおにぎりやお味噌汁にしましょう。「誰がつくったか」が明確にわかる食材や食事をとるだけでエネルギーチャージになり、かなり元気になるはずです。愛情を感じて、ぐっすり眠れたら最高です。

いつも誰かに気を遣っているため、マッサージ、ペットや趣味など、自分が一番癒されるものを知り、こまめに利用しましょう。

財運アップに効く！

ラッキーアイテム　ハンドクリーム
ラッキーカラー　インミンブルー
ラッキーブランド　エルメス、プラダ、トムブラウン、プーマ、ユニクロ、ミズノ、フォルクスワーゲン、フィアット、キヤノン、楽天、ルイ・ヴィトン、MaxMara、ヴィヴィアン・ウエストウッド、マックレガー、アナイ、ユニクロ、アンダーアーマー、タグ・ホイヤー、ティソ、スズキ、エスティローダー、ダンロップ、ビクトリノックス、ブライトリング

ラッキー絵画（画家） レオナルド・ダ・ヴィンチ、ミロ、横山大観、フェルメール、アンリ・ルソー

おすすめ神社

大手《おおて》神社（栃木県）……手の力を強化、手の神様
貴船《きふね》神社（京都府）……魂を癒す氣を授かる
鹽竈《しおがま》神社（宮城県）……恐れを手放しチャンスを手にする

太陽の紋章

08

黄色い星

高い理想に向かって突き進み、
美しいものを見つけるセンスはピカイチ！

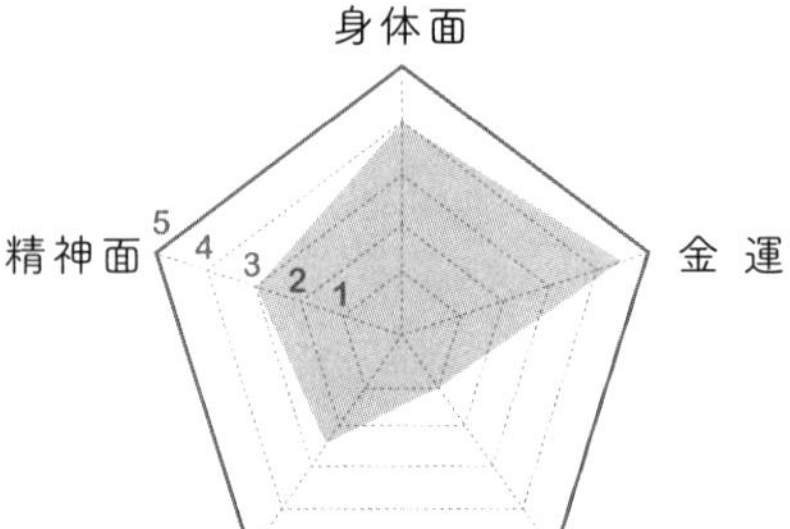

✦特徴

黄色い星のあなたは美しいもの、キレイなものが大好き。圧倒的な美的センスの持ち主で、美しいものを「美しい」と感じる感覚はピカイチ。おしゃれさんでもあります。スター性があり、華やかな印象の人が多いです。どこか上品さが漂う雰囲気を持っていて、好印象を持たれやすいです。「自分らしさ」を身につけたら、ますますその輝きは増していくでしょう。誰かの真似をしているうちは、まだまだダイヤモンドにはなれないかもしれません。自然体の人も多く、とても気さく。親しみやすくチャーミングな一面もあります。

星はいつも同じ場所で輝き続けます。それと同じく、この紋章の人はいつも迷える人々に寄り添い、正しい方向を伝え導いてくれます。

また、優れた審美眼の持ち主で、有形無形に関わらず、「いいものはいい！」と美しさや価値の本質を見極める力もあります。

形から入る傾向があるので、まず服装や道具をそろえるところからはじめるケースも多いです。ゴルフならウェアをばっちり決めて、見た目はシングルプレーヤー。しかし続けていくことで、技術や才能も伴ってきますし、それに見合った人物になるよう努力を重ねます。

負けず嫌いで中途半端は嫌い、やるなら徹底的に！　と考える向上心の塊のようなところがあります。けれど、その頑張りは決して他人に見せません。負けや失敗を人一倍悔しがります。くいしばり率は100パーセント！　自分なりの信念や基準があり、常に高い理想を掲げて突き進みます。何事においても完成度が高いので、他人からの信頼も厚いです。まじめにコツコツが大好きで、根気くらべをすれば右に出るものはいないでしょう。ただし自分に厳しい分、他人にも厳しくなりがちなので注意が必要です。

◆恋愛・結婚

美しいものが大好きなので、イケメンや美女は大好き。妥協はしません。見た目だけではなく、ハートとその人の持つポテンシャルも重視します。この紋章の人が好む相手はかっこいいか美しい、もしくは将来性や発展性を秘めている人が多いです。また、お互いに高め合える相手を選びます。期待を裏切られると、一気に冷めることもあるでしょう。

告白、デート、プロポーズ、そして披露宴……と、恋愛も結婚も形にこだわる傾向にあります。約束事や慣習を重視するのです。

ただ、お互いの距離がどんどん近づき、心を開いて自然体になっていくにつれ、「素の自分」が出てきやすくなります。そのギャップもまた魅力のひとつです。

好きになった相手には一途で、簡単に心移りすることはありません。「私だけを見てほしい」という願望もあります。「あなただけの星」でいたいのです。いつもはキレイ好きで丁寧な暮らしをしていますが、恋愛や結婚問題で少しでも問題が起きて影を感じると、一気に環境が乱れるでしょう。

◆行動・思考のクセ

「こうする！」と決めたら頑《がん》として動かないところがあります。度がすぎると、自分の考えに固執したり、「こうあるべき」「こうするべき」と完璧を求め、相手に押しつけたりしてしまうことも。自分ができることを他人にも求めがちなので、心のゆとりを持つことを忘れずに。

また、少しでも納得できないとすべてをリセットしてやり直そうとすることもあるでしょう。そして、思うようにできない自分を責めてしまうことも。何事も臨機応変、「ほどほどに」という考えを取り入れると、きつさや厳しさは改善されるはずです。

◆向く仕事

審美眼があるので、美や芸術、アパレルなど、美しいものを活かせる仕事が向いています。また、細かいことを見抜く能力もあるので、校正、校閲の仕事も得意でしょう。

華やかな印象がある人が多いので、アイドルやスターなど、表舞台に立って、憧れの存在として人々を元気づける役割も合っています。

◆お金の縁

自分磨きにお金を使いましょう。身だしなみはもちろん、暮らしを豊かにし、心にゆとりを持つことが、お金のご縁を引き寄せます。

ただ、背伸びをして散財をすると心のゆとりがなくなり、金運も下がります。身の丈にあったお金の使い方をしましょう。

お金を貯めることにフォーカスしてしまうと、持ち前の完璧主義で心と暮らしにゆとりがなくなってしまうので注意が必要です。「ほどほど」を忘れずに。

お気に入りのものと暮らすよう心がけましょう。プライベートな空間、デスク周り、バッグや引き出しの中などはこまめに掃除をすること。たまには気分を変えて、模様替えをしてみるのもいいでしょう。心に贅沢な気分を味わわせてあげることで、お金を生み出すモチベーションが高くなります。

買い物をするとき、「安いから」「これくらいでいいか」と値段で選んだり、妥協したりせず、「これがいい」とホンモノ志向でいきましょう。

それを続けていくと、自然とお金と仲良くなっていることに気づくはずです。

✦人間関係

お互いに刺激し合い、成長し合える関係を求め築きます。相手を丁寧に扱い、自然体のつき合いを好むので、長くつき合う人は家族のような存在になっていきます。人の好き嫌いははっきりしているほう。すぐに言い訳をする人や困ったときにすぐ逃げる人、他人の意見に流されがちな人は苦手です。

✦健康

心と身体のバランスを整えることで、健康が保たれます。均整ストレッチ、骨格形成、噛《か》み合わせなど、「整える」ことを意識してみましょう。また、偏った考え方に触れていると、心のバランスを崩すので注意が必要です。

財運アップに効く！

ラッキーアイテム　美容グッズ

ラッキーカラー　ゴールデンイエロー

ラッキーブランド　パティック　フィリップ、ポール・スミス、マイケル・コース、LANVIN、バレンシアガ、バカラ、マイセン、ダンロップ、Yahoo!、フェラガモ、ゼニア、ISSEY MIYAKE、しまむら、スワロフスキー、クロムハーツ、ランドローバー、アルファロメオ、三菱財閥、富士フイルム

ラッキー絵画（画家）　平山郁夫

おすすめ神社

星田妙見宮《ほしだみょうけんぐう》（大阪府）……七曜の星（北斗七星）が降臨し、神社のご神体となった

玉作湯神社《たまつくりゆ》（島根県）……磨くこと、物の大切さ、美しく保つ

富士山本宮浅間《せんげん》大社（静岡県）……ありのままの美。高潔

太陽の紋章

09

赤い月

意志の強さはナンバーワン！
誰かのために戦う頼れるラスボス

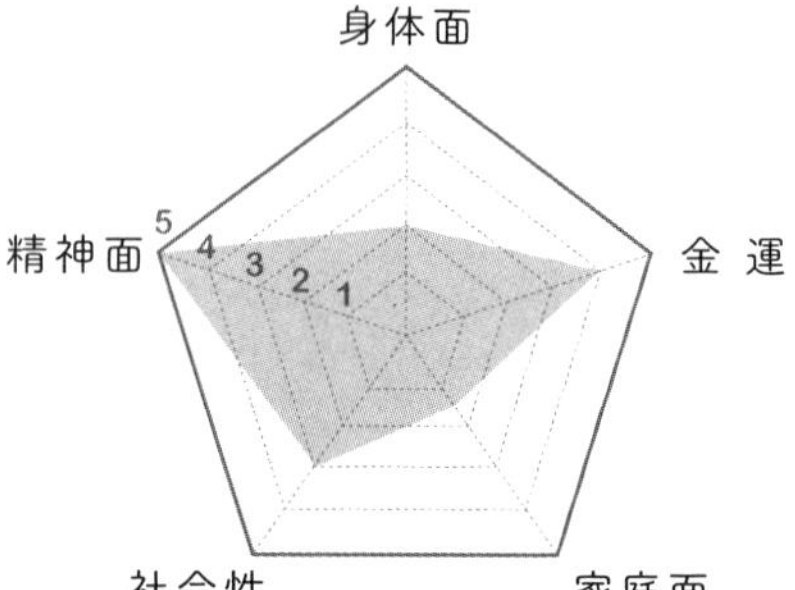

✦特徴

赤い月のあなたは、その名の通り、色気や存在感のある人です。強い使命感やミッションを持っています。行動力があり、やると決めたらとことんやり抜きます。

冷静で肝《きも》が据《す》わっているので、どこかクールに見えるところも。責任感も強く、誰かのためにひと肌もふた肌も脱ぐアネゴ肌タイプで、周りに安心感を与えます。逆に、敵に回すと徹底的にやっつけられます。別名、「極道の紋章」と呼ばれています（笑）。

どっしりと構えているので腰が重く見えますが、決して面倒くさいからではありません。「ラスボス」として最後に登場すべく、自分の出番を待っているのです。

冒険心が強く、リスクを恐れずに新しい流れを次々とつくるような、改革を起こす能力もあります。ときに、あっと驚く手法で周りをびっくりさせることも。古き悪《あ》しき流れを変えるために困難を乗り越え、持ち前の底力でめげずに突き進んでいきます。

赤い龍があふれ出る命の水なら、赤い月は汚れ濁った水を浄化させます。元の姿に洗い流し、戻していく「浄化の水」の紋章なのです。

意志が強く、20の紋章の中でも1、2位を争う頑固ものですが、一方で情に厚く、涙もろく感情が豊かな一面もあります。どこか悲しげで、繊細でミステリアスなところも魅力のひとつと言えるでしょう。

直感力にすぐれ、状況や人の感情をいち早くキャッチするなど飲み込みも早いので、仕事ができる人が多いです。問題を解決する力、命がけで対処する姿は圧巻です。

✦恋愛・結婚

色気のある紋章なので、さぞ恋愛体質かと思いきや、意外にまじめ。相手の色に染まりがちです。恋愛となると、相手に尽くします。

ですが、基本的にはわがままなので、そのわがままを聞いてくれる相手と長続きするでしょう。会った瞬間、「あ！　この人！」と直感でビビッ！　ときた人とつき合います。

恋愛も結婚も、流れに任せるところが大きいので、つき合ったその日に結婚の話が出るなど、急展開も多いでしょう。

逆に、関係が冷めはじめるのも直感でわかるので、別れどきもすぐに悟ってしまいます。相手から言われるのはシャクなので、自分から別れを切り出すこともあります。

順風満帆な結婚生活というよりは、二人で困難を乗り越えていきながら愛を育んでいくタイプでしょう。

✦行動・思考のクセ

人の意見や情報につい流され、勝手な思い込みでネガティブになってしまうことがあります。ぜひ持ち前の直感を働かせ、正しい情報を取り入れるようにしましょう。

また、納得しないと気が済まないところもあり、ついつい疑い深くなるところがありますが、やりすぎは禁物です。

いつもはじっくり考え、「どうするのが最善か?」を考えながら行動しているのに、誰かのためだと思うと突然、後先考えずに行動しがちです。また、感情的になりがちなので、ときには怒りが爆発し、手がつけられなくなることも。そうなる前に、一度深呼吸して気分を落ち着かせ、冷静に戻れるよう、感情のコントロールを意識しましょう。

◆向く仕事

新たなものを生み出すことを得意とするので、企画開発や発明家、クリエイターなどは向いています。また、水に関係する水商売やマリンショップ、ダイビングインストラクターなど、海のレジャーに関わる仕事もいいでしょう。

人の心を浄化するヒーラーやセラピストも向いています。演技がとてもうまいので、俳優として映画や劇場などで活躍する人も多いです。

◆お金の縁

「ここ一番！」でバツグンの勝負強さを発揮するあなた。直感が冴え渡っているときはお金の流れもいいときです。周りの意見に流されてしまうと、運気も一緒に流れてしまいます。ただ、勝負のタイミングで貯金がないと不安や焦りから気持ちも不安定になり、結果的に金運も下がってしまいます。お金を貯めようと必死になる必要はありませんが、「お金をどう使うか？」を考え、うまく運用していきましょう。

この紋章の人は、「お金を使うぞ！」と覚悟を決めたとき、お金との結びつきが一層強くなります。清水《きよみず》の舞台から飛び降りるような決意でお金を使うと、その後、いいお金の流れに乗れるのです。

また、定期的にお参り、ヒーリング、エステなど自己浄化にお金を使い、新しい気持ちでいることを心がけましょう。不満や疲れがたまって心が濁った状態でいると、お金の巡りも悪くなります。

ボス体質なのでほかの人にご馳走したり振る舞ったりする機会も多いでしょう。誰かのためにお金を使うと、最終的にお金は自分のもとに戻ってきます。相手の問題を解決するようなお金の使い方はおすすめです。

◆人間関係

この紋章の人は、人間関係によって人生が変わると言っても過言ではありません。誰とつき合うかが非常に重要です。「類は友を呼ぶ」と言いますが、同じ目的を持ち、ミッションをともにする同志を選ぶようにしましょう。

上っ面で、お世辞を言う相手ははっきり言って苦手です。しっぽりとホンネを語り合える相手を求める傾向にあります。

◆健康

心にも身体にも、不要な老廃物をため込まないようにしましょう。また、住環境がダイレクトに健康に関係します。家の中はこまめに掃除をしてキレイを心がけて。生活環境を整えることで、健康を保てます。

財運アップに効く！

ラッキーアイテム　水晶

ラッキーカラー　ピーチピンク

ラッキーブランド REPLAY、しまむら、テスラ、ファンケル、ブリヂストン、ジルサンダー、ミッソーニ、メルセデス・ベンツ、ティファニー、ジラール・ペルゴ、ショパール、ロレックス、ロレアル、ヤマハ

ラッキー絵画（画家） 高山辰雄、千住博、北大路魯山人、葛飾北斎、ポール・ゴーギャン、アルフォンス・ミュシャ

おすすめ神社

月讀《つきよみ》神社（長崎県　壱岐《いき》）……最古の神社と言われる

霧島神宮（鹿児島県）……浄化して新しい流れをつくる

白子《しらこ》神社（千葉県）……美男美女の神様

太陽の紋章

10

白い犬

愛と絆を大切にし、
誠実に忍耐強く目標に向かう努力家タイプ

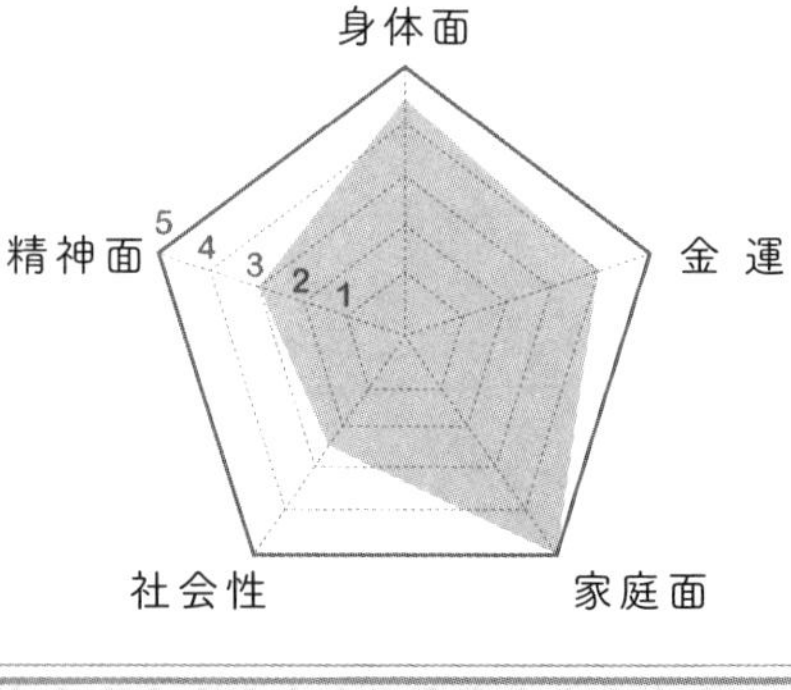

◆特徴

白い犬のあなたは、ご主人様に仕える忠犬のように、誠実で忠誠心に満ちあふれています。「この人！」と思った人に対しては、全幅の信頼と尊敬を抱くのです。

とても人懐っこく、愛嬌があるので、特に年上や上司、目上の人にかわいがられます。愛くるしいウルウルした目で見られたら、もうイチコロ、ワンコロですが、裏切りや嘘、騙されたことがわかると、態度は一変。たとえご主人様であろうとも構わずにガブリと噛みつき、吠えまくります。一度、途切れたご縁は、なかなか元には戻りません。着信拒否、メールブロックなど、一切の連絡を断ち切ろうとするでしょう。それだけ人を信じる気持ちが強いので、裏切られたときのショックも大きいのです。

また、家族愛や仲間愛にあふれていて、縄張りのように帰属意識が強いです。家族や仲間以外の人には、意外に冷たい排他的な一面もあるでしょう。

雨の日も風の日も、ご主人様に従っておとなしく散歩に行く犬のように、我慢強く忍耐強いところがあります。また、日々の訓練、鍛錬に努力を惜しみません。

頭で考えるより先に心で動く人です。相手と心を通わせることで活動的になります。今の感情を大切にするため、気持ちのアップダウンが激しいところもあります。

◆恋愛・結婚

友人から恋愛、そして結婚へと発展していくことが多いでしょう。サークルやクラブ、異業種交流会、合コンなど、最初は大人数の中にいて、いつの間にかおつき合いがはじまることもよくあります。少しずつ相手を知り、心を開いて、尊敬できる人だと思えると、一気に進展します。

友達のときはどこかよそよそしく距離を感じたのに、恋愛関係に発展したとたん、一気に距離が縮まり、甘えん坊になることも。

犬にハウスがあるように、結婚願望は強めで家族を大切にします。友達のような仲の良い夫婦になるでしょう。たわいもない日常にたまらない愛情を感じ、穏便に暮らせることがなによりの幸せだと感じるのも、愛がテーマのこの紋章の人ならではです。自分の家族のほか、家族を大切にできる人とのご縁は長く続きます。

◈行動・思考のクセ

とても努力家ですが、他人にもそれを求めてしまうと相手にきつい言葉を投げかけてしまいます。また、家族や仲間との絆を大切にするあまり、身内に厳しくなる傾向も。感情的になると、必要以上に口が悪くなり、ときには暴言を吐いて、わめき散らします。思っていることを歯に衣着せず口にするので、相手を傷つけることもあるでしょう。暴言を吐きそうになったら、深呼吸して少し冷静になる時間を持ちましょう。

物事を感覚的に捉えているので、頭で考えすぎると大きな迷路にはまり、自分のしっぽを追いかける犬のように、前へ進めなくなってしまいます。また、一度ひねくれると意固地になり、一日中、食事もとらずに部屋にこもってふて寝ということも。リードを嚙みちぎって、ひとりで暴走する場合もあります。

◆向く仕事

主婦や主夫として、家を守ることはとても得意です。また、秘書やマネージャー、執事、ホテルマン、サービス業など、誰かに仕えて裏で支える職業も向いています。

国家公務員、自衛隊など、国に仕える仕事に就くと忠誠心を発揮して職務を全うします。

◆お金の縁

自分の土台となる「家」にまつわることにお金を使うといいでしょう。具体的には、家庭環境や住環境などです。また、不動産などについて勉強するのもおすすめです。それから、ご神事、法要、お彼岸やお盆のようなご先祖様と関係する機会を大切にしましょう。忙しくてもなるべく時間をつくって帰省したり、お墓参りしたりするのを忘れずに。金銭面でピンチが訪れたとき、ご先祖様の見えない力が働くはずです。

また、一家団欒や家族との時間を大切にすることで運気が高まり、お金の巡りもよくなります。この紋章の人でお金の巡りが悪い人は、たいてい家族運も低迷しています。

コツコツとじっくりと時間をかけて、貯蓄や投資を続けましょう。チリも積もれば山となる！　です。

また、いつも家族や仲間に尽くしているので、定期的に自分にご褒美をあげるのも忘れずに。やる気とともに、お金もついてきます。

◆人間関係

最初からすぐに心を開いて、仲良くなるタイプではありません。じっくりとコミュニケーションを取りながら、信頼できるか、尊敬できるかを探っていきます。

いったん仲良くなると、家族ぐるみのおつき合いをするようになります。家族と思えるような人を増やしていくことで、人間関係の広がりを感じることでしょう。
ただし、いくら仲がいいからと言って、自分のテリトリーにずかずかと踏み込んでこられると嫌悪感を覚えます。相手がこの紋章の場合は、「親しき仲にも礼儀あり」を心がけましょう。

健康

毎日のお散歩や運動は、健康に深く関係しています。適度なストレス解消は大切です。働き者ですが、くれぐれも働きすぎには注意してください。また、大好きな人とのスキンシップがあると精神的にも落ち着くので、積極的に取り入れて。

財運アップに効く！

ラッキーアイテム ウォーキングシューズ
ラッキーカラー シーグリーン

ラッキーブランド トリーバーチ、ビームス、シュプリーム、ナノユニバース、有田焼、ランドローバー、アルファロメオ、アルマーニ、資生堂、花王、KOSÉ、コスメデコルテ、シボレー

ラッキー絵画（画家） モネ、アンディ・ウォーホル、シスレー、ゴーギャン、ピカソ、シャガール、ボッティチェリ

おすすめ神社

八重垣《やえがき》神社（島根県）……最古の狛犬《こまいぬ》さん

日光二荒山《ふたらさん》神社（栃木県）……家庭円満の神様

武蔵御嶽《むさしみたけ》神社（東京都）……愛犬と一緒に散歩できる、お犬様で親しまれている神社

太陽の紋章

11

青い猿

アイデアが次々湧いてくる!
自由でぶっ飛んだ遊び心いっぱいの天才肌

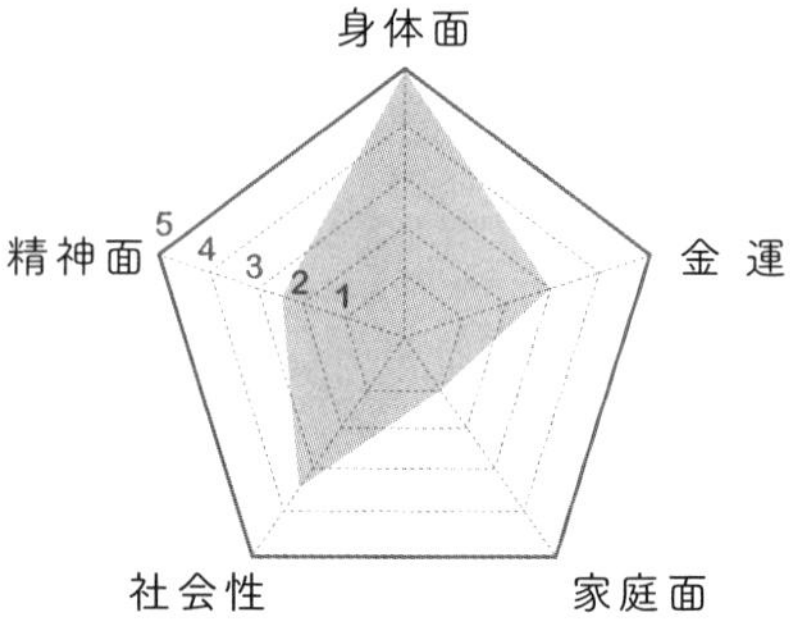

◆特徴

青い猿のあなたは、一言で言うとぶっ飛んでいます。「変わっている」という言葉は最高の褒め言葉。エキセントリックで、ユニークな発想や行動、独特のセンスで周りをあっと驚かせ、魅了します。自由奔放で遊び心があり、いつも楽しいことを探しています。どんなものでも遊びに変えることができるのです。

でも、遊んで終わりではなく、その中に新たな気づきを発見するのが得意技。失敗するたびにアイデアが次々と降りてくるのです。まさに「天才型」の紋章と言えるでしょう。

周囲に合わせることは苦手です。好き嫌いがとてもはっきりしていますが、そんな「ぶれない自分」が大好きです。人と同じことは大嫌い。唯一無二、オンリーワンを求めます。トリックスター的要素もあり、世の中に一石を投じることも。

サプライズも大好きで、相手に喜んでもらうためなら、多少の自己犠牲は厭《いと》いません。ただし、自分で良かれと思ったことが相手にとってはありがた迷惑の場合もあるので、事前調査は怠らないように。

二面性があるため、たとえつらいことがあっても表には見せません。傷つくことも多いですが、持ち前の精神力で乗り越えていきます。しかし実際には、深い傷を負うような数多くのつらい経験をしている人、トラウマを抱えている人も多いです。

世の中は一筋縄ではいきません。だからこそ、さまざまな難関をクリアしてきたこの紋章の人は、解決法をたくさん知っています。

✦恋愛・結婚

自分から興味を持った相手と恋愛に発展していきます。「言い寄られたから」というような簡単な理由で恋に落ちたりはしません。

感受性が豊かで、独特な感性を持ち合わせている人を好きになる傾向にあります。好きな相手に合わせて、どんなことでも楽しめます。自由な恋愛を好むので、束縛は苦手。ひとりでふらっと出かけたり、突然旅に出ることも。それを理解してくれる人との結婚ならいいでしょう。

デートも計画的ではなく、行き当たりばったりのほうがワクワクします。けれど、相手にそっけなく冷たくされたり、放っておかれたりするとふてくされます。また、「恋愛はこういうもの」「結婚はこうあるべき」などと正論をぶつけられると、一気に気持ちが冷めます。

恋も結婚もゲームとしてとらえ、スポーツ感覚で臨みます。熱しやすく冷めやすいところがあり、その場限りのおつき合いもあるでしょう。しかし、ともに困難を乗り越えてくれる人とは長続きします。

◆行動・思考のクセ

自分の感性に忠実なので、なんでも思ったら即行動！　即実践！　瞬発力に優れ、良く言うと行動的でパワフルです。ですが、それもいきすぎると自己中心的になりがちです。また、好奇心から相手のプライベートに首を突っ込みすぎたり、やりすぎたりして空気を乱してしまうこともあるので、注意が必要です。

何でも器用にできる分、飽きっぽく、急にやる気がなくなることも。

天才肌な一面があるので、「なんでこんなこともわからないの？」と、相手にイライラしたり、上から目線でものを言ったりすることもあるでしょう。相手目線で考え、行動することを忘れずに。

いつも明るく前向きで、楽しく乗り越えていく青い猿ですが、一旦心を閉ざすと、なかなか心のシャッターを開けてはくれないことも。延々と毛づくろいをはじめます。

また、自由を奪われると、才能と能力に鍵がかかってしまうのでご注意を。

◆向く仕事

人を楽しませ、気分転換させることがとても得意なので、エンターテインメント、アミューズメントに向いています。

また、独自の開発や発明、今までにない発想をするのに長けているので、開発系やクリエイティブな仕事もいいでしょう。

興味があることを仕事にしやすいです。

◆お金の縁

楽しむことにフォーカスし、自分らしさをどんどん出して、オリジナリティで勝負する勇気と決断があれば、お金は後からついてきます。

そのときの感情でお金を使うので、貯金をするならあらかじめゴールを決めておくことが大事です。

人が喜ぶことにはお金を惜しまず使います。そのため、たくさんの人が集まってきます。人と会って刺激をもらい、さまざまなアイデアが生まれる。そこにお金と仲良くなるヒントが隠されています。

過去の失敗やトラウマがあっても、自分の安全な場所を探して、それを乗り越えていくことで金運をつかむことができます。

◆人間関係

ひとり遊びが大好きですが、コミュニケーション能力はずば抜けています。一人ひとりとの精神的なつながりを優先するため、頻繁に会っていなくても上手に関係をつなげていくことができます。常にポジティブでいられる人との関係は、深くなるでしょう。

面倒くさい関係は求めていません。慣れてくると発言がストレートになるので、ときにきついと感じる人もいるかもしれませんが、それこそ親しくなった証です。

健康

肉体的には健康に恵まれていますが、どちらかというとメンタルに支障をきたすケースが多いです。部屋が多少散らかっていても、好きなものに囲まれて心が温かければ、健康を維持できます。

スキンシップが癒しをもたらすので、ときには身体を寄せ合い、語り合ってくださいね。

財運アップに効く！

ラッキーアイテム　一点もの
ラッキーカラー　アクアブルー

ラッキーブランド クロムハーツ、マウジー、柿右衛門、ベントレー、フェラーリ、ヘンケルス、TAKEO KIKUCHI、BIGI、オリス、ゼニス、ラコステ、ヒュンダイ、クラランス、SK-II、東芝

ラッキー絵画（画家） ウィリアム・アドルフ・ブグロー、ゴヤ、バンクシー、ゴッホ、ミレー

おすすめ神社

日枝《ひえ》神社（東京都）……魔が去り、勝利を得る

猿田《さるた》彦《ひこ》神社（三重県）……直感と行動

青猿《あおさる》神社（岩手県）……名前そのまま（笑）

太陽の紋章

12

黄色い人

頭の回転が速く、仕事もテキパキ!
できるリーダータイプ

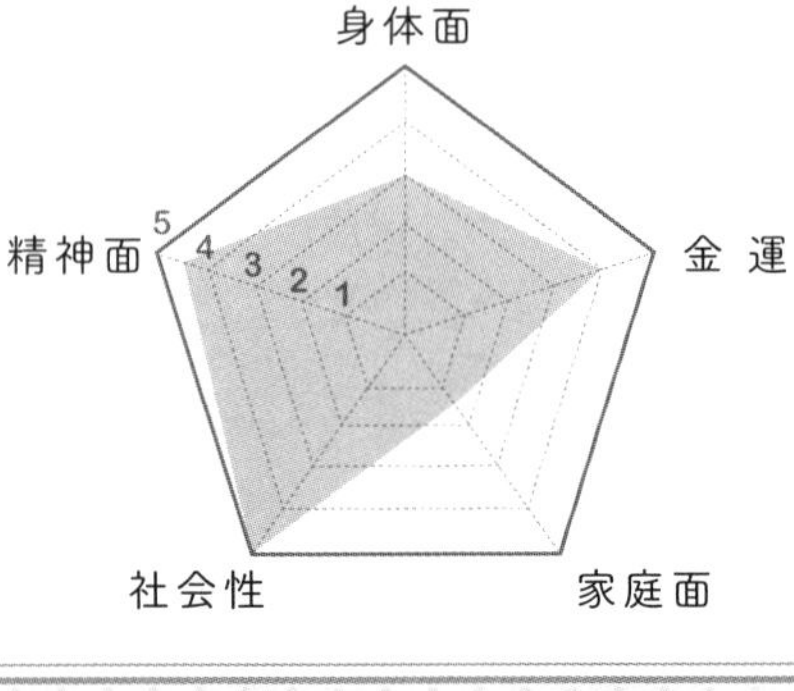

✦特徴

黄色い人のあなたは、誰よりも自立心が強く、しっかりと「マイルール」を持ち、それにしたがって行動しています。自分がやりたいこと、好きなものがはっきりしているかもしれません。

また、自分の感情を非常に大事にしています。感動や感激など、心に刺激を与えることがエネルギーにもなっているのです。行動を制限されることを誰よりも嫌うのが青い猿の紋章なら、思考を制限されることをもっとも嫌うのが黄色い人の紋章です。

「人が人間らしく生きるにはどうすればいいか？」を追究し、環境に縛られずに自由に感情を表現できる場を求めます。意志の強さは石のように固いです。自我も強いので、ときには周囲からわがままだと思われることもあるでしょう。

何事も飲み込みが早く、頭の回転も速いです。仕事のスピードも速く、仕事ができる人も多いでしょう。ひとつの道を究めるので、達人や名人、その分野のエキスパートも揃っています。負けず嫌いで、学歴や経歴に強いこだわりを持つ人も。自分が納得いくまで努力を怠りません。粘り強くクオリティの高いものをつくり続けるプロ意識の強い一面もあります。プレゼン能力もバッチリ。わかりやすく簡潔にまとめ、語彙力もあります。理路整然と話し、自然と相手を共感させ、あなたの考えに引き込んでしまいます。ただし、やりすぎると理詰めで攻めて、論破してしまうところがあります。

会話はテンポよく進みます。相手の言いたいことをいち早く理解できてしまうので、話の途中で「それで?」「結論は?」と相手を急《せ》かしてしまうことも。それはイヤがられるので、注意しましょう。

◆恋愛・結婚

一途に愛を貫きます。相手への連絡は非常にマメ。恋愛も結婚も自分なりのこだわりや理想があります。束縛され自由を奪われると、窮屈に感じてしまいます。また、自分のことを深く詮索されたり聞かれたりするのも苦手。ですが、相手のことは常に把握しておきたいので、その辺りはバランスが大切です。自分のこだわりを主張しすぎると、「うざい」「重い」と思われることもあるのでほどほどに。

相手を好きになるポイントは、容姿よりもインテリジェンスの高さ。誠実な人に惹かれる傾向にあります。謙虚な方、多少のわがままを聞いてくれる人との恋愛は長く続くでしょう。

グループ交際よりは、二人でしっぽり愛を育んでいきます。家柄や家系、学歴などは気になるところではあるけれど、自分が納得した相手なら結婚もうまくいくでしょう。

◈行動・思考のクセ

せっかちでおっちょこちょいなところがあるので、イージーミスには気をつけましょう。頭の回転が速いので自分でどんどん先を考えてしまい、人の話を最後まで聞いていないことも。その結果、ミスをしてしまうのです。また、自分のこだわりが強すぎて、筋が通らないことを進めようとすることもあるので、周りの意見に耳を傾けることも忘れずに。

相手に自分の意見がきちんと伝わるまで、とにかくとことん話すので、話が長くなる傾向も。

実は、極める人ほど飽きっぽいところがあるものですが、飽きる前に次の手を考え出す能力も持っています。相手の損得を鋭く見破ることができるので、逆に自分の損得で行動しないよう注意が必要です。

◆向く仕事

さまざまな分野でリーダーシップを発揮しますが、ひとりで切り拓く力もあるため、自営業や自由業、起業家にも向いています。

また、相手に感動を届けて、共有することが得意です。エンターテインメント関連の職業もいいでしょう。華道、茶道、書道など伝統芸能にもご縁があります。

◆お金の縁

その道のプロになると自然とお金も入ってきます。なにかを勉強しても、理解度が高いのですぐに習得できます。大事なのは、飽きずに根気強く、プロの領域まで続けること。これこそがお金と仲良くなれる最大の秘訣です。

また、自分の長所を徹底的に磨き、武器にしましょう。その長所が他人の役に立つとき、お金は勝手についてきます。

そして、人とのご縁を大事にすること。人との信頼関係を大切にして、協力や応援をしてくれる人がいればいるほど金運はアップします。お金の心配をする必要はありません。自分のプライドが邪魔をしないよう、謙虚になって相手に素直に教えてもらう気持ちでいることが大事です。

◆人間関係

基本的に人に対する興味があり、人（との関わり）が大好きです。ただし、自分と相手の価値観が合わないとうまくいかないので、広く浅いつき合いよりも、数人の気の合う人と深くつき合うことを好みます。

こだわりが強く、周囲に合わせることをしないため、周りから浮いてしまうこともありますが、自分を理解して応援してくれる人と共に協力して生きていく強さがあります。感動を同じレベルで共有できるかがポイントです。そんな仲間をひとりでも多く増やしていけたら、最高の人間関係を構築できるでしょう。

健康

好きなことには時間を忘れ、寝食も忘れて没頭してしまうタイプなので、定期的にオフをつくりましょう。心身ともに休む時間を確保することができます。

いろいろなことにこだわりがあるので、特に健康に良い食べものにこだわりを持つようにするといいでしょう。

財運アップに効く！

ラッキーアイテム マイグラス
ラッキーカラー ブロンズ
ラッキーブランド マックレガー、TAKEO KIKUCHI、ジラール・ペルゴ、イエナ、エルブランズ（ヴィクトリアズ・シークレット）、ニューバランス、テーラーメイド、VOLVO、TOTO、花王、ゲラン、アレキサンダー・マックイーン、アディダス、アウディ、キャデラック、トヨタ、POLA、ドモホルンリンクル、マンダム、味の素

ラッキー絵画（画家）

バーナード・リーチ、棟方志功、村上隆、ミケランジェロ、カラヴァッジオ

おすすめ神社

石鎚《いしづち》神社（愛媛県）……強い意志と「これだ」という道を見つけられる
宗像《むなかた》大社（福岡県）……道を司る最高神
花園《はなぞの》神社（東京都）……一芸を極める

太陽の紋章

13

赤い空歩く人

新しいことを求め、
時空を自由に歩き回る頼れる冒険者

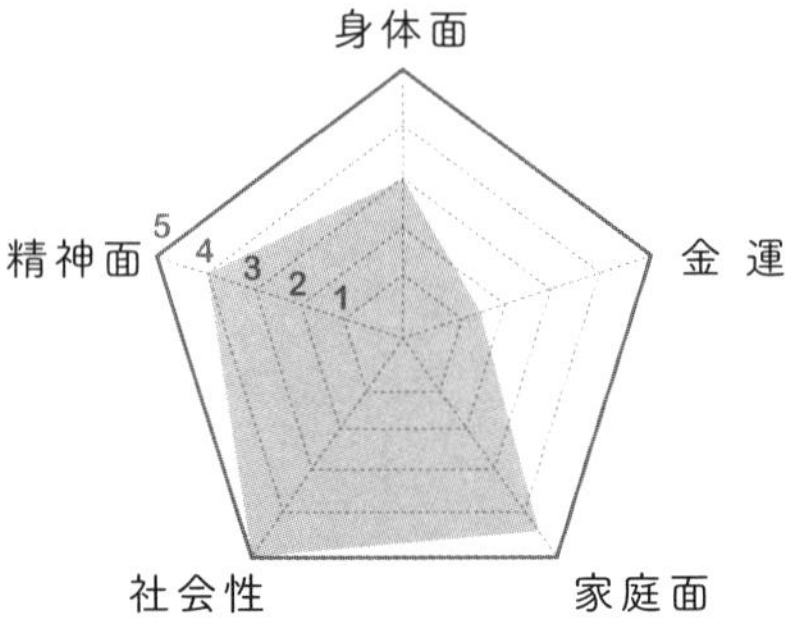

✦特徴

赤い空歩く人のあなたは、とっても冒険心が旺盛です。知らないことや不思議なものに興味津々。「何が正解で何が間違いなのかは、やってみないとわからない！」という気持ちで、失敗やリスクを恐れず、ひとりで果敢に突き進んでいきます。基本的にタフで、まるで空を歩く冒険者のように時空を行ったり来たりします。

ボランティア精神を持っていて、常に「人の役に立ちたい」「社会の役に立ちたい」と願っています。また、褒め上手で誰かの成長を手助けすることも得意です。知らない人や初めての場所は気後れすることが多いですが、基本的に社交的で親しみやすく話しやすいキャラクターであるため、居心地のいい空間をつくり上げます。

実際に現場を訪れて自分の目で見たり体験したりすることで、知恵が湧いてくるタイプです。その場の雰囲気や空間、感覚を鋭くキャッチし、ちょっとした違和感も見逃しません。人との関係のほんのわずかな空気の変化も敏感に読み取る「空気が読める」人です。ただし、度がすぎると「やってあげている」という優越感が表に出すぎて、嫌味な印象を相手に与えるので注意しましょう。

常識的な感覚や全体を客観的に見る力があり、物事を公平に判断することができます。

◆恋愛・結婚

相手と常に関わっていたいタイプ。相手に尽くし、お世話を焼きたいのです。相手にされたこと以上の愛を返したいと考えます。ですが、他人のすべてを把握したいという気持ちが強くなると、相手には束縛と思われがち。また、やりすぎると、パートナーというより、親やお手伝いさんのような存在になってしまうので気をつけましょう。

自分にないものを持っている人や、一見つかみどころのない人に惹かれる傾向にあります。好奇心もあり、何事も体験だと考えているので、恋愛経験も豊富です。

結婚という未知の世界の経験には、ワクワクすることも多いでしょう。

結婚後も変わらず相手に尽くします。ですが、根が社交的なため、家にとどまるタイプではありません。そのあたりを理解してくれる人を選ぶと結婚はうまくいくでしょう。

◆行動・思考のクセ

自分が経験したことが判断基準となるため、視野が狭くなり行動範囲が狭まりがちです。また、過去の成功体験に固執しすぎると、新たなチャンスを逃すことにもなりかねません。

人の心をすばやく察知できるため、必要以上にネガティブな感情をとらえて落ち込むことも。被害者意識が強くなると引きこもり、なかなか表には出てきません。そんなときには誰も知らない、初めての場所に行き、今までと違う経験をすることをおすすめします。

また、「時空」を歩いているので、時間の感覚がわからなくなる人も多く、約束に遅れるなど時間を守れないこともしばしば。当日にドタキャンということもあるでしょう。また、地に足がつかず浮世離れしたところがあって、周りから浮いてしまうこともあります。

また、自分のことを後回しにしがちなので、たまには自分のご機嫌も取ってあげるといいでしょう。

◆向く仕事

誰かの役に立ちたいという気持ちが強いので、ボランティア活動や地域やコミュニティ社会に貢献する仕事は向いています。

話すより書いて伝えるほうが得意なので、作家、詩人、小説家、ライターなどもいいでしょう。

教育者や指導者など、人々の成長を応援する職業にも向いています。

◆お金の縁

その場の勢いでお金を使う浪費家の一面があります。特に、心が満たされていないと消費が激しくなる傾向があるので、ムダ遣いを減らしたいなら、常日頃から自分の心の貯金を増やしていきましょう。ただし、あまり財布のひもを締めすぎると、ストレスがたまってあるとき爆発し、大散財することもあるので、やりすぎないこと。

社交的な場に出て、誰かとの交流にお金を使うことでいいお金の流れをつかむことができます。

足もとに気を遣うといいでしょう。素敵な靴が素敵な場所へ連れて行ってくれ、それが金運へと結びつきます。

自分を向上させるためにお金を使いましょう。興味のあることを勉強したり、スキルアップにはげむのはおすすめです。将来より今を見据え、すぐに効果のあるものをチョイスするといいでしょう。

✦人間関係

後輩や部下、年下の人の面倒見が良いアネゴ肌、アニキ肌の人も多いのがこの紋章の人。あまり見栄を張りすぎて、自らを追い込まないように気をつけましょう。

一緒に時間や空間を共にする人との関係を、重視する傾向にあります。コミュニケーションが不足すると、その人との距離も遠く感じてしまいがちです。

不思議なものには興味がありますが、なにを考えているのかわからない人、のらりくらりとして努力しない人は苦手。そんな人に対しては、厳しい態度を取りがちです。

交流関係は広く、人脈もあります。ただし、広く浅いつき合いが多いので、ホンネを話せる人はそう多くありません。

◆健康

ひとりでゆっくりできる時間をつくりましょう。いろいろと心にため込むと健康を害しがちです。ときには頭を空っぽにしてウオーキングやランニングをしましょう。心にスペースをつくるとリフレッシュし、体にもエネルギーが湧いてきます。

朝の目覚めを良くすることが、健康につながります。

財運アップに効く！

ラッキーアイテム 万年筆

ラッキーカラー サンセットピンク

ラッキーブランド ルイ・ヴィトン、アレキサンダー・マックイーン、ゼニス、ティソ、コンバース、ポルシェ、スバル、ノエビア、パナソニック、任天堂、味の素、シャネル、カネボウ、日野自動車、ヤマト運輸

ラッキー絵画（画家） ルノワール、アンリ・ルソー、ムンク、草間彌生

おすすめ神社

幣立《へいたて》神宮（熊本県）……まさしく、宇宙人とつながる場所

玉置《たまき》神社（奈良県）……世のため人のため、人を伸ばすことができる

戸隠神社（長野県）……未知なる扉を開く

太陽の紋章

14

白い魔法使い

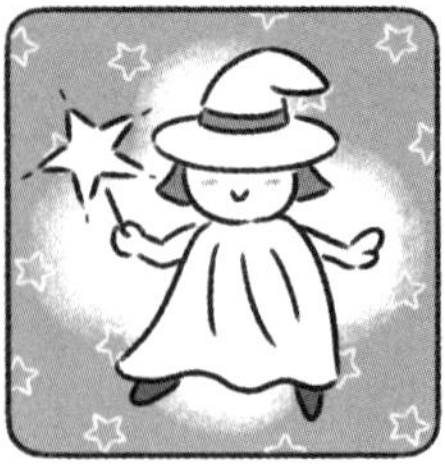

集中力のすごさは圧倒的ナンバーワン
巧みな話術で人々を魅了

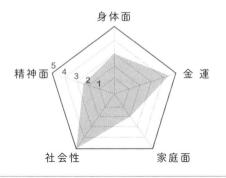

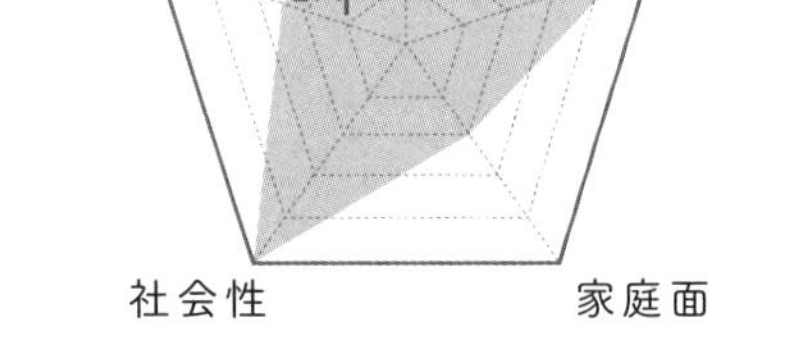

◆特徴

白い魔法使いのあなたは、とにかく一途でピュアな心の持ち主です。「これだ!」と思ったことには、一心不乱に取り組み、努力します。その集中力のすごさには誰もかないません。そんな健気な姿に、周りの人たちはまるで魔法をかけられたように魅入られ、虜《とりこ》になってしまいます。ですが、本人はその魅力に気づいておらず、自信がない人も多いです。ちょっぴり天然で抜けたところもあり、ほっこり和ませてくれる一面も持ち合わせています。

常にまじめにベストを尽くすので、中途半端は苦手。まじめすぎると、冗談が通じなかったり、融通が効かなかったりして思い詰めることも。また、「自分は間違っていない」と頑なになると、人を魅了するというせっかくの魔法が使えなくなってしまいます。

相手のいいところや魅力を最大限に引き出し、もっともその人らしい姿に生まれ変わらせる魔法もかけることができます。

永遠性を持つ白い魔法使いは、過去、現在、未来を通じて、常に変わらない価値と存在を意識しているので、一貫性があります。長い目で物を見通すことができるので、意見や態度、言動がコロコロ変わる人や平気で嘘をついて騙す人は許せません。

実は「許し」がテーマでもあるこの紋章の人は、許さざるを得ない状況にたびたび遭遇します。そのたびに許し、自分の器を広げることによって、より魔法使いとして成長し、魅力を増していくのです。徳を積み続けるその姿は、必ず誰かが見てくれています。

目立つことは苦手な反面、理解してもらいたい、褒めてもらいたいという願望を強く抱いています。

◆恋愛・結婚

この紋章の人は、恋愛に対してもとても硬派。いい加減なつき合いや行き当たりばったりの恋はしません。一途な恋愛をするので、多少の荒波は乗り越えていきます。

相手にもストイックさを求めるため、仕事のできる人や自立した人を好きになります。多少相手に冷たくされても挫《くじ》けません。「最後は私が必ずゲットする！」と、魔法使いの魅力を全開にします。

つき合いはじめると、持ち前の天然ぶりが相手に癒しを与え、気づけば相手も白い魔法使いの虜に……。ただ、焼きもちやきが多いので、「何で連絡をくれないの？」「この前、一緒にいた人は誰？」などと詮索しはじめると、相手は重く感じてしまいます。魔法が呪いに変わらないように注意しましょう。信頼関係ができれば、結婚はもう目の前です。

◆行動・思考のクセ

相手を許せないと思ったら、ずっとその思いを引きずります。長いこと負の感情が抜けず、「あいつを懲《こ》らしめてやる！」という気持ちが渦まくのです。こうなると、もはや紋章名を「黒い魔法使い」に変えねばなりません。魔法使いが「魔女」に変身する瞬間です。そんなときには、自分のやりたいことや楽しいことに意識を向けるようにしましょう。

また、「注目されたい」という気持ちが高まると、余計な一言を口にしてしまったり、つい口が軽くなって、言ってはいけない個人情報や機密情報を漏らしてしまったりする可能性も。せっかくの信頼を失ってしまうので、注意しましょう。

常にベストを尽くしているので、過去の失敗やミスが強く心に残りやすいです。ですが、過去にばかり囚われすぎると、取り越し苦労をすることになります。まだ起こってもいないことに不安を抱えるより、目の前のことに集中することを忘れないで。

◆向く仕事

話術にも長けているので、ある分野のカリスマ、第一人者として人々を魅了できるでしょう。芸能界やアイドル、アーティストも向いています。

また、目に見えない世界や人々の悩みを解決することが得意なので、宗教家、占い師などもいいでしょう。

◆お金の縁

自分の魅力を見つけ、それを徹底的に磨くことがもっともお金と仲良くなる方法です。容姿を磨く、仕事上のスキルアップなど、魅力や能力を上げるためにお金を使いましょう。

お金に関しては、とても計画的できちんとしています。しっかりと貯めますが、貯金だけでなく投資も視野に入れるとさらにいいでしょう。

また、非常に思いやりのある人なので、親の言いなりになったり、期待に応えようとしがちですが、まずは自分の心に素直になることでお金の巡りが変わってくるはずです。

◆人間関係

家族や友人、仲間に対して、常に真正面から素直におつき合いをします。人を疑うことがないため、約束事や頼まれごとはきっちり守ります。責任感も強く、几帳面な一面も。聞き上手なので、周囲からの信頼も厚く、コミュニケーションスキルに長けている人も多いです。

ただし、融通が効かないときもしばしば。自分の間違いや失敗を認めようとせず、言い訳がましくなることも多いので気をつけましょう。

楽しいプランを練ることが大好きです。自然と人が集まる環境をつくり出すことができます。嘘がない、お互いを魅了し合える関係を築ける人とは長いつき合いになるでしょう。

◆健康

魔法がしっかり使えるよう、食事や睡眠、適度な運動は欠かさないで。自分のペースを守り、規則正しい生活を送ることは基本中の基本です。また、薬草やハーブなどを使って、ホッと一息つける時間を持ちましょう。それが心と身体の健康につながります。

財運アップに効く！

ラッキーアイテム　傘
ラッキーカラー　オパール
ラッキーブランド　アルマーニ、バリー、ラルフローレン、ISSEY MIYAKE、M

axMara、ゼニア、リーバイス、キャデラック、エスティローダー、ビクトリノックス、ヴェルサーチ、ロンハーマン、ZARA、アシックス、デサント、フォード、A.ランゲ&ゾーネ、アマゾン

ラッキー絵画（画家） 村上隆、ピーター・ドイグ、クリスチャン・ラッセン

おすすめ神社

魔法神社（岡山県）……理想に魔法をかける

猫神社（高知県）……白い魔法使いと関係のある猫の神社

神明《しんめい》神社（三重県）……一途さから女性の願いをひとつだけかなえてくれる

太陽の紋章

15

青い鷲

物事の善し悪しを一瞬で見抜く、
鋭い観察眼の持ち主

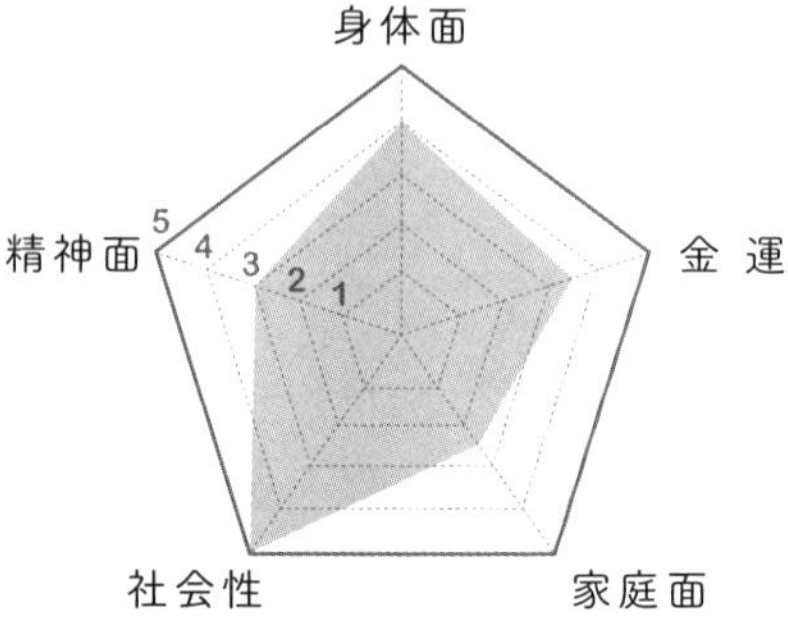

◆特徴

青い鷲のあなたは、上空を飛び回る鷲のように、高い視点から物事を大局的に見つめ、冷静に判断できる人です。交渉や根回し、戦略や計画に長けた、頭の回転の速い「やり手」と言えるでしょう。

鋭い観察力を持っているので、人のちょっとした長所や短所、物の善し悪しがよくわかります。変化の激しい時代に、この能力は大きな武器になるでしょう。ただし、いろいろなことに気づきすぎて、見なくてもいいところや見たくないところまで見えてしまうため、心が疲れてしまうことも。

鷲のように、狙った獲物は絶対に逃しません。ターゲットが定まったら、高い集中力と独自の直感で最後まであきらめずに追い続け、着実に獲物を仕留めます。クールで冷静、一直線に突き進むその姿に、心を鷲づかみされる人も多いはず。

また、将来の展望を見通す先見の明があり、それに備えてあらゆる対策を立てて行動します。直感に頼って判断したり、心の状態が悪かったりすると先を読む力が鈍り、思うような成果が上がりません。いったんターゲットを見失うと、どこへ飛んでいいのか、何を目標にしていいのかわからなくなり、一気にネガティブに陥ってしまいます。それほどアップダウンが激しいのです。いかに心の状態をフラットに持っていくかがポイントです。

自分の特性をしっかり知ることで、大空を羽ばたく鷲のように人生を謳歌できるでしょう。

◆恋愛・結婚

恋愛でも、「この人!」と狙いを定めたら絶対にあきらめません。けれど、シャイで小心者なところもあるため、相手の行動や言動、顔色や反応をよく見ながらアプローチします。

すんなり恋に落ちるより、狙う獲物が大きければ大きいほど燃える傾向にあります。いつもその人のことを見ているので、一歩間違えるとストーカーと勘違いされることもあるため注意が必要です。

恋愛と結婚はセットでとらえています。常に将来を見据えておつき合いをはじめるので、恋愛の最中も「この人は結婚できる相手?」の分析を常に行っています。

恋愛と結婚は計画通りにはいかないものです。何かあったときこそ「こんなはずではなかった」と落ち込むのではなく、目標を立て直していくのがうまくいくコツです。

結婚しても自由に飛び回りたいため、家庭的とはほど遠いかもしれませんが、家庭のことはいつも心に思っています。

過去の恋愛の失敗は今後に活かしましょう。

◆行動・思考のクセ

人の長所を見つけるのが得意な反面、短所も目につきやすいところがあります。これがいきすぎると欠点ばかりに目が向いて、イライラしがちに。言い方や伝え方がぶっきらぼうになる傾向があるので、冷たい印象を与えてしまうことも。

また、短気な一面もあるので、ちょっとしたことでケンカや言い合いに発展することも。そんな自分に苛立ち、落ち込むこともあるでしょう。単独行動を取り続けると、思考がどんどんネガティブに落ちていくので注意が必要です。

頭の回転が速いのがマイナスに働くと、計算高くなり、せっかくの貫禄も台なしです。いつもはシャイでクールですが、饒舌《じょうぜつ》になってお世辞を言う、裏表が激しくなるなどの兆候が現れたら要注意です。心を落ち着かせるようにしましょう。

✦向く仕事

交渉や商談などが必要な、全体を把握しながら進める職業に向いています。商社マンや営業職、コンサルタントなどは適職です。また、相手の善し悪しを見極めることが得意なので、人材関係、人事など人の管理育成に携わる職で適性を活かせるでしょう。

表に出るよりは裏でしっかり計画を立てて、冷静に判断する参謀的な役割が得意です。

◆お金の縁

時代の先を読み、いいと思った事業にチャレンジすることが金運アップの秘訣です。失敗や損失を必要以上に恐れないこと。

また、たとえお金の条件が良かったとしても、心の底からやりたいことや求めているものではない場合には、手を出すのは控えましょう。逆にお金とのご縁が遠のいてしまうからです。

心のストレス指数とお金は反比例します。心が落ち着かず安定しないと、せっかくの勘が鈍ってお金の巡りも滞ってしまいます。心を満足させることでポテンシャルやモチベーションが上がり、お金とのご縁も深まります。

◆人間関係

クールで落ち着いた印象を与える人ですが、心の中はとても温かくハートフル。困っている人に対して見て見ぬふりができない、面倒見のいい一面があります。

また、人情味のある人間関係を好みます。喜怒哀楽を表にあまり出しませんが、自分を理解してくれる人とは長くつき合えるでしょう。

相手のマイナス面が見えると一気に気持ちが冷める傾向にあるため、相手をあまり厳しくジャッジしないこと。観察はいいところをメインに見るようにしましょう。あなたからホンネでぶつかることで、相手とは疲れないつき合いができるはずです。

◆健康

日頃から、神経を張り巡らし、目を酷使しているので、特に視神経や目を労わりましょう。また、ひとりの時間や空間を持ち、ゆったりと大きな深呼吸をしてみて。定期的に心のリセットを図りましょう。

睡眠も疲労回復に重要です。心に引っかかる問題は早めに解決しておくことで、精神的な安定につながります。

財運アップに効く！

ラッキーアイテム サングラス

ラッキーカラー ラベンダー

ラッキーブランド ラコステ、ヴィヴィアン・ウエストウッド、ユニクロ、パタゴニア、オリス、クラランス、ゲラン、ダンヒル、マツダ、P&G

ラッキー絵画（画家） 葛飾北斎、棟方志功、シャガール、マネ、ジョルジュ・ブラック、ジョルジュ・スーラ

おすすめ神社

厳島《いつくしま》神社と御山《みやま》神社（弥山）（どちらも広島県）……先見の目を活かしてリード

祐徳稲荷《ゆうとくいなり》神社（佐賀県）……見つめる心、利他の心

鷲《わし》神社（茨城県）……御祭神が天日鷲命《あめのひわしのみこと》

太陽の紋章

16

黄色い戦士

思い立ったら即行動！　世の中に
元気と勇気を与える強きチャレンジャー

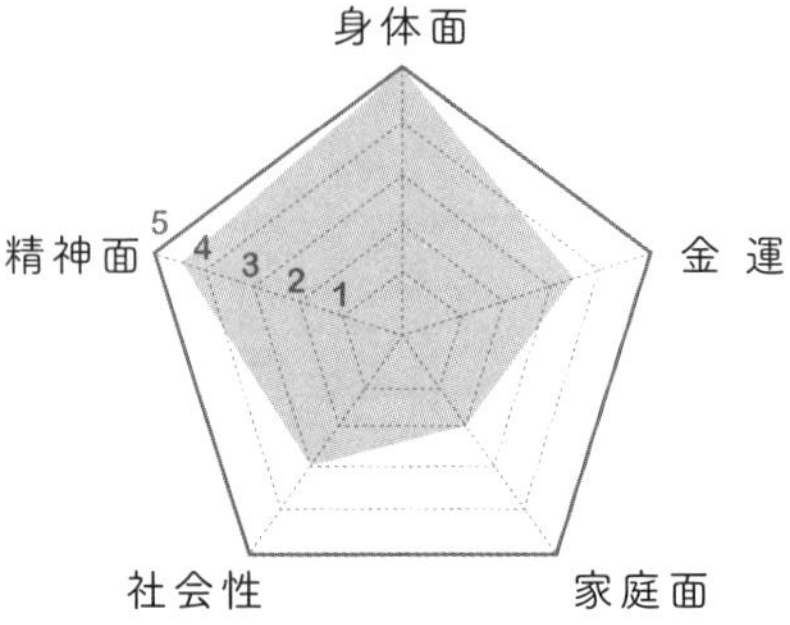

✦特徴

黄色い戦士のあなたは、「戦士」の名の通り、不屈の精神でチャレンジし続けて、どんな壁でも乗り越える強靭な精神の持ち主です。常に冷静な判断を下し、滅多なことでは動じません。

いつも武器を磨き、いつか訪れる戦いのために戦略をしっかりと練ります。戦う相手は「自分」です。人生のチャレンジャーとして、世の中に元気と勇気を与えるのです。自問自答を繰り返しながら、ひとつずつ答えにたどり着きます。ゲームで敵に勝利するとレベルアップするのと同じく、答えを見つけるたびにパワフルになっていきます。

負けず嫌いなので、人に頼ることが苦手ですが、答えがなかなか見つからないときには信頼のおける人に相談するといいでしょう。素直で実直、どんなことにも立ち向かっていくその姿こそが勇者の証です。

好奇心旺盛で、さまざまなことを調べるため、物知りな人も多いでしょう。新しいことへのチャレンジにワクワクします。常に挑戦するものがあると、エネルギーが湧き上がるのです。

思い立ったら即行動。失敗してもすぐに立ち上がって、新たな戦いに挑みます。基本的にポジティブで、何事も「成功」が前提にあると考えています。はじめから大きなことに挑戦するのではなく、小さなことからチャレンジを積み重ねていくことが大切です。

◆恋愛・結婚

この紋章の人は、自分より優れた人や尊敬できる人、理想の人との恋に憧れがあり、「高嶺《たかね》の花」に惹かれます。ただの憧れで終わらず、その人をゲットしようと思った瞬間から戦士のスイッチがオンになり、戦闘モードに突入します。

結婚はタイミング重視。自分と相手のタイミングが合ったら、すぐにでもゴールインしたいタイプです。仕事や趣味など、共通点を通じた戦友のような恋愛や結婚ができると長続きします。職場結婚や社内恋愛なども多いでしょう。

相手に求めることも妥協しません。常にエネルギッシュに恋愛や結婚に向き合います。何歳になっても恋は現役♡　相手と切磋琢磨しながら、リスペクトし合える恋愛結婚はうまくいきます。

◆行動・思考のクセ

結果にこだわりすぎると、焦りが出て簡単なミスや見逃しが多発します。「なんで？」「どうして？」という疑問が外に向かい、相手を問い詰めることも。できるだけプロセスに目を向けましょう。

また、計画を練りに練っている間にタイミングを逃したり、目標が決まった途端に準備もそこそこに行動して失敗したりすることも。状況をしっかり見ながら、冷静に判断することを忘れずに。

◆向く仕事

新しいことへの挑戦が得意なので、新規部署や新規立ち上げの起業、営業の新規開拓などは向いているでしょう。職種というより、その職業の中で挑戦意欲が湧くような仕事を探すといいでしょう。

また、スポーツ選手などになって、肉体と精神の限界を突破するのにチャレンジすることにも向いています。

◆お金の縁

失敗を恐れず挑戦し、失敗をも味方につけることができたら、お金とは最強のコンビになれます。

ゴールが明確だと、お金との仲も深まります。資格を取ってその分野を極めるのも、金運アップの方法です。ただし、「資格マニア」で宝の持ち腐れにならないように。

戦士は武装しますが、お金は強力な武器になります。自分の知識や情報にお金を使いましょう。お金を知恵に変え、家族や仲間のために戦うのです。いつの間にか、あなたは「人財」という名の宝を手にし、それは金運アップの未来へと続いていきます。運を天に任せ、己を信じていきましょう。

ただし、過信すると運気が一気にダウンします。やりすぎには注意です。

✦人間関係

この紋章の人は、来るもの拒まず去るもの追わず。相手の年齢、性別、肩書などに関係なく、誰とでも平等に接することができます。たとえ相手が年上でも、心からすごいと思える人でなければリスペクトできません。逆に、相手が年下でもリスペクトを感じたら、とことん謙虚な姿勢でその人から学ぼうとします。

戦士は常に孤独に、前を向いて戦っていますが、ときには弱音を吐きたくなるし、甘えたくもなります。そんな弱い自分も見せられる人との関係を築けるといいですね。

人間関係も自分のステージに合わせて変化させていきましょう。

✦健康

この紋章の人は生涯現役で活躍します。ですから、体力を落とさないよう、毎日のちょっとしたトレーニングを欠かさないこと。

どんなに疲れていても、身体を動かすことでスッキリと疲労回復します。筋トレ、ストレッチなど、関節を柔らかくほぐしておきましょう。

首、肩、腰をケアすることが健康につながります。

財運アップに効く！

ラッキーアイテム 帽子

ラッキーカラー インディゴブルー

ラッキーブランド ショパール、A．ランゲ＆ゾーネ、SUZUKI、三菱自動車、ヒュンダイ、トムフォード、マンダム、ロレアル、三菱財閥、東芝、Yahoo!、ソニー

ラッキー絵画（画家） ゴッホ、フェルメール、ルーベンス、レオナルド・ダ・ヴィンチ

おすすめ神社

筥崎宮《はこざきぐう》（福岡県）……勝利の神様

熱田神宮（愛知県）……三種の神器の草薙《くさなぎ》の剣《つるぎ》

安宅《あたか》住吉《すみよし》神社（石川県）……難関突破の神様

太陽の紋章
17

赤い地球

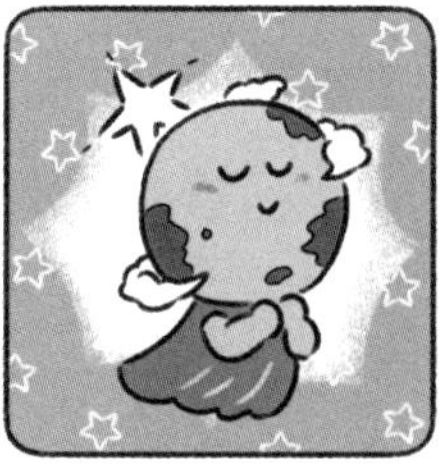

人を引力のように引き寄せ、
ひとつにまとめる情熱的なリーダー

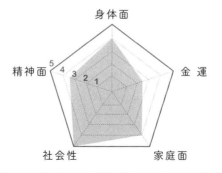

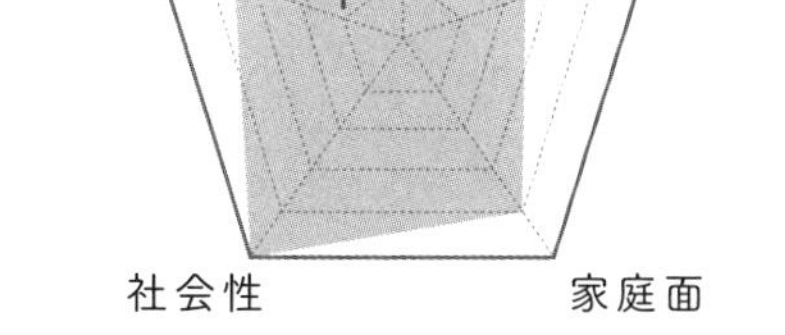

◆特徴

赤い地球のあなたは、心と心のつながりをとても大事にします。人との輪をつくり、感動を共有し、チームワークでお互いの弱点を補い合い、助け合いながら、ひとつの目標を成し遂げるのです。共生共存。地球と人間の関係にも似ているのではないでしょうか。情熱的で熱い心を持った人も多いです。

言葉に説得力があり、相手を理解し励まし、勇気づける力の持ち主でもあります。やりすぎると暴走し、調子に乗りすぎることがあるので注意しましょう。

リーダーとしてチームの舵取りをする才能もあります。先頭に立って引っ張っていくというよりは、縁の下の力持ち、裏ボスのような存在です。一人ひとりの才能を見出し、それを上手に活かします。みんなと熱く語り、モチベーションを高め、心をひとつにまとめる手腕があります。

そんなあなたに惹かれて、あなたという船にはどんどんメンバーが増えていくでしょう。ただしあまり目立ちすぎると、かえってマイナスになることもあるので表に出すぎないほうがいいでしょう。

「シンクロニシティ」という言葉がありますよね。たとえば、「あの人どうしているかな？」と思っていたらその人と偶然ばったり会ったとか、「このお菓子、食べたいな」と思ったら、友達が買ってきてくれたとか。この嬉しい「偶然の一致」を引き起こしやすいのが、この紋章の人でもあります。

実際にはお菓子などよりもっとスケールの大きい、壮大な思いが現実化します。地球が感じている思いに寄り添いながら、あなたを中心に周囲の人やその環境までが一体となり、理想を現実化させるのです。それは決して自己満足や富、名声のためではなく、地球全体の喜びにもつながります。

純粋な思いでシンクロを引き寄せていきましょう。その才能があなたにはあるのです。

心温まる時間を共有することで、一気に恋愛に発展するタイプ。出会った瞬間に、「あ、この人とおつき合いするかも」「この人と結婚することになりそう」という予感が生まれ、それが現実になることも多々あります。

別れはいつも相手から。自分から別れを切り出すことは難しくてできないのも特徴です。恋愛を超えた、人と人との絆を壊したくないからです。ホンネでぶつかり、深い絆で結ばれるのがよきパートナーだと考えています。

とにかく寂しがり屋で、いつも一緒にいたいと考える人も多く、お互いの心を確かめ合うことで落ち着きます。ときには寂しさから元のパートナーについ連絡を取り、昔の気持ちに火がつくことも……。

自分のリズムを押しつけるのではなく、お互いの価値観や波長が合う人との関係は長続きするでしょう。

◆行動・思考のクセ

思いを伝えたい、つなげたい、わかってもらいたいという熱い思いを常に持っていますが、それを相手に押しつけすぎると「暑苦しい人」と思われ、煙たがられます。

また、なんでも自分で仕切りたくなり、思い通りにならないと言葉巧みに相手を言いくるめてしまうことも。周囲の人にあまりいいイメージを与えません。

ノリがいいのでその場の雰囲気と勢いで進めることもありますが、目的はしっかりと持つこと。でないと、ただ派手に騒いで結果につながらない、ということにもなりかねません。

過去の成功体験に縛られ、その先になかなか進めないこともあるので、前向きに、リズムに乗るように新しい自分を発見してみましょう。

◆向く仕事

自分や周りの気持ちを取りまとめ、発信することが得意です。チームや部署のリーダーやイベントなどのプロデューサーなどが向いています。

また、ファシリテーター、講演家、セミナー講師、司会など、人の前に立って話をしたり、取りまとめたりする仕事もいいでしょう。

◆お金の縁

まずは、お金のブロックを外すことです。育った環境などで培った金銭感覚から抜け出せずに、立ち止まっている人が多いので、潜在的に溜まったノイズをクリアにしましょう。それが金運を高める一番のポイントです。

自分の悪しき習慣を見つけたら、それをやめて、理想を手にしている人が行っている習慣を取り入れてみましょう。

過去の失敗や恐れから不安になることもありますが、現状を克服したければお金と絆を結ぶことが大事です。人と同じように、お金にも「気持ち」があり、自分の役割を知っています。お金はそれを持つ人との絆を大切にするので、必ずたくさんの友達を連れて戻ってきてくれます。

仲間との交流には惜しみなくお金を使いましょう。ただし、必要以上のプレゼント攻撃は相手にとってありがた迷惑になることもあるので、ほどほどに。

◆人間関係

人と語り合う時間を大切にし、ゆっくりと時間をかけながら絆を結んでいきます。ホンネを語り合えるようになると関係も深まります。

表面的な浅いつき合いは、寂しさを感じるだけで面倒くさいので苦手です。自分の気持ちを正直に話せないと、誰にでもいい顔をする八方美人になってしまいます。そんな自分にさらに寂しさを感じ、しまいにはふさぎ込んでしまうこともあるでしょう。

人と協力し、応援し合い、共に成長することに喜びを感じます。どんな状況でも、情熱があればガンガン走れます。車にたとえるなら、真っ赤なポルシェのような存在です。応援できる人が増えれば増えるほど、人間関係は広がっていくでしょう。

◆健康

朝、昼、晩……と、1日の流れに乗ることが大切です。天体のリズムに合わせて自分が一番心地よいリズムを見つけましょう。

リズムに乗るのが得意なので、ダンスや音楽などもおすすめです。音楽に合わせて体を動かすことで気持ちが軽やかになり、心身ともに健康がもたらされます。

財運アップに効く！

ラッキーアイテム 地球儀

ラッキーカラー マゼンタ

ラッキーブランド ロンハーマン、N°21、ナイキ、アンダーアーマー、ブレゲ、SEIKO、BMW、アウディ、コスメデコルテ、KOSÉ、日立、ヤマハ、ケイト・スペード、ヴァレンティノ

ラッキー絵画（画家） ピカソ、クリムト、アルフォンス・ミュシャ、ボッティチェリ、下村観山

おすすめ神社

出羽《でわ》三山《さんざん》神社（山形県）……過去を癒し、未来への希望

春日大社（奈良県）枚岡《ひらおか》神社（大阪府）……言霊の力

大村《おおむら》神社（三重県）……地震を防ぐ神社

太陽の紋章

18

白い鏡

目標は必ず達成!
几帳面で正義感の強い頼れる存在

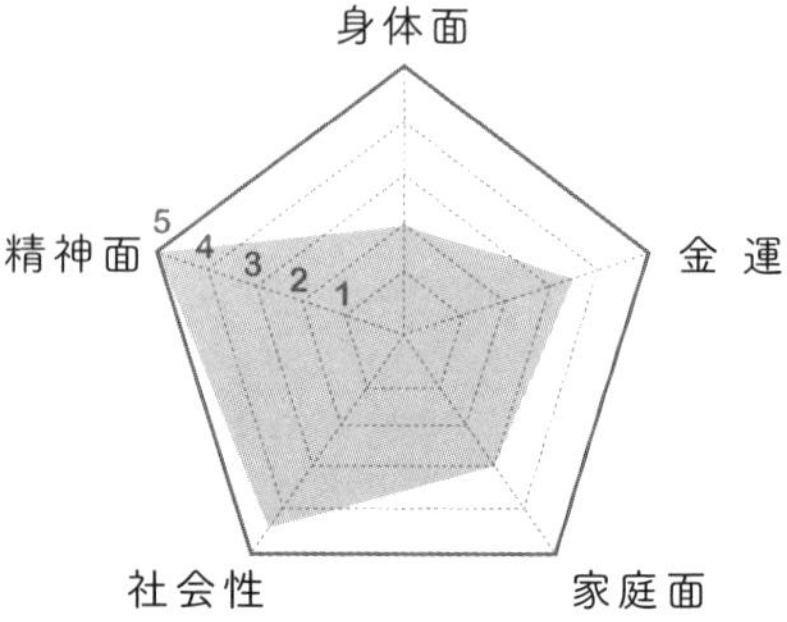

◆特徴

白い鏡のあなたは、キレイなものも、そうでないものも、すべてをありのままに映し出す鏡のように、嘘と本当、善と悪、美しさと醜さを見分ける力があります。ルールや規則、秩序を乱すことや規律を崩すことをとても嫌い、言行一致を常に心がけています。礼儀正しく、義理堅く、実直な人が多いでしょう。きちんと挨拶をする、約束はしっかり守る、何事にも真摯《しんし》な態度で取り組むなど、几帳面で律儀です。

自分に厳しい分、他人にも厳しいところもありますが、とても正直で裏表がありません。正義感が強く、思いやりや人情味にあふれ、情深い一面があります。芯が強くまっすぐでブレないので、深く信頼されます。

合わせ鏡をすると、景色がずっと奥深くまで見えますよね。それと同じように、この紋章の人は自分の内面をどこまでも深く見ようとします。「目に見えないもの」を大切にするという意味でもあります。

ご先祖様や神仏に見守られていると感じ、礼を尽くし、敬う人も多いでしょう。

鏡は、一度割れると元には戻りません。そのため、割れないようにしっかりと守ろうとする意識がとても強いです。家族や仲間、自分自身……小さいときから「守る術」を身につけているので、自立心があります。しっかりしているため、甘えることは苦手です。

決断力に優れていて、善悪を判断し、思いきり良く取捨選択できます。シビアでドライな一面もあり、古いしがらみや悪しき慣習などもスパッと捨て去ります。断捨離は新しいステージへ行く際に、特に必要なことでもあります。

鏡は映すものを選びません。どんな状況も、どんな人もいったん受け入れます。あなたの鏡はピカピカですか？　それとも曇っていますか？　ヒビは入っていませんか？　キレイに鮮明に映すためにも、偏見や思い込みなど、心の曇りは取り除き、いつも鏡は磨いておきましょう。

とても誠実な恋をします。デートの時間や場所、スケジュールもしっかり決めたまじめな恋愛。相手も、まじめで責任感の強い人に惹かれる傾向にあります。

結婚しても、家庭や夫婦の掟《おきて》など、お互いに尊重し合うルールを決めます。基本的にダラダラしたルーズな人はお断り！

決められたルールに沿って恋愛結婚をするため、お見合いや婚活、マッチングアプリなど、条件を先に提示し、それに見合う人との交際や結婚はおすすめです。

一度、意見の食い違いやケンカがはじまると鏡は刃物に変わることも。「絶対に許せない！」と互いの心を刺し合うかのような激しい論争にまで発展してしまいます。一度終わった関係は二度とは元に戻らないでしょう。

心の合わせ鏡をのぞいてみると、実は自分の枠から飛び出して、「あしてみたい」「こうしてみたい」という恋の願望や欲求に気づくかもしれません。

✦行動・思考のクセ

「面倒くさい」と思ったり、自分のルールに反すると思ったりしたら、容赦なくバッサリ切るタイプ。適度だとかっこよく映りますが、やりすぎだと冷徹な感じを与えます。また、損得勘定で動いたり、表面的な判断で決めつけてしまうこともあるでしょう。

また、世間体や常識に囚われ、その枠の中で考えて行動しようとすると、小さくまとまるばかりで面白味がなくなってしまいます。

クールでドライな面も、度がすぎて露骨に興味がない素振りを見せる、無表情になる、そっけない対応をする、イヤイヤ動く、言い方がきつくなるなどの態度になってしまうと、周囲にいい印象を与えないので注意が必要です。

思考や行動の枠を広げるには、ひとつの考えや行動に固執せず、「こういう考え方もあるのだな」と柔軟に考えることが必要です。

◆向く仕事

礼儀作法や規則などをきちんと守るので、人事部や社内教育など、教育面などの職業や、マナー教室の講師などが向いています。

警察官や裁判官、国家公務員、弁護士、地方公務員など、いわゆる「お堅い仕事」もいいでしょう。また、冠婚葬祭関連の婚活、終活、神仏に関係する仕事にも縁があります。

◆お金の縁

お金を節約し、守ることばかりにフォーカスするのではなく、自分の枠を取っ払い、ときには新しいことにも挑戦していきましょう。お金とのご縁が引き寄せられます。また、形のあるものを買うのではなく、見えないものにお金を使うことが金運アップの秘訣です。

お墓参りや先祖供養を行った際には、お礼はしっかりと弾むことを忘れずに。また、鏡を磨くように、心を磨くためにお金を使うことでお金の巡りは良くなります。家の鏡やガラス、神棚や仏壇など、日頃からキレイにすることをおすすめします。

◆人間関係

正義感が強いため、頼まれると断れず、なんでも器用にこなします。また、約束事は必ず守り、最後までやり遂げます。そのため、周囲からの信頼も厚いでしょう。ただし、無理をして安請け合いをすると、すべてが中途半端になってしまいます。自分のキャパをしっかり見極めたうえで、「できることはできる」「できないことはできない」とはっきり伝えましょう。

基本的に、嘘偽りのない関係を好み、ホンネをぶつけます。永遠に続く関係を求めるので、浅いつき合いや中途半端な人間関係はバッサリ切ることもあるでしょう。

好き嫌いや損得で判断したりするのではなく、自分の実になる人かどうか？　を基準に選ぶことで、人間関係はもっと広がるはずです。

相手に求めるのではなく、まずは常に自分に正直でいることを心がけましょう。

◆健康

心が曇っていると、すぐ健康に大きな影響が出ます。心も身体も曇らせないために、少しでも気になることがあれば映像に映してみることです。メンタルの不調なら、今の自分の表情を鏡に映してみましょう。身体ならレントゲンやCTなどで現状をしっかり調べましょう。

また、毎日、自分の身体と表情を鏡で見る習慣を身につけると、健康はキープできます。

財運アップに効く！

ラッキーアイテム　鏡

ラッキーカラー　シルバー

ラッキーブランド　シャネル、ティファニー、クリスチャン・ディオール、フェラガモ、ジバンシィ、ジル・サンダー、ヴェルサーチ、GAP、ロレックス、タグ・ホイヤー、信楽焼、シトロエン、プラダ、ポール・スミス、トリーバーチ、ジルスチュアート、マッキントッシュ、アバ

クロンビー&フィッチ、クライスラー、テスラ、トムブラウン、フォード、富士フイルム

ラッキー絵画（画家） ミケランジェロ、レンブラント、ピート・モンドリアン、草間彌生、ポール・シニャック

おすすめ神社

鏡作《かがみつくり》神社、鏡作坐《かがみつくりにます》天照御魂《あまてるみたま》神社（奈良県）……心の曇りを取り除いてくれる

鹿島神宮（茨城県）……決断力と意思を貫くため

賀茂神社（徳島県）……スパッと断ち切る強さ

太陽の紋章

19

青い嵐

変化を求めてパワフルに活動！
嵐のように周囲を巻き込む革命家

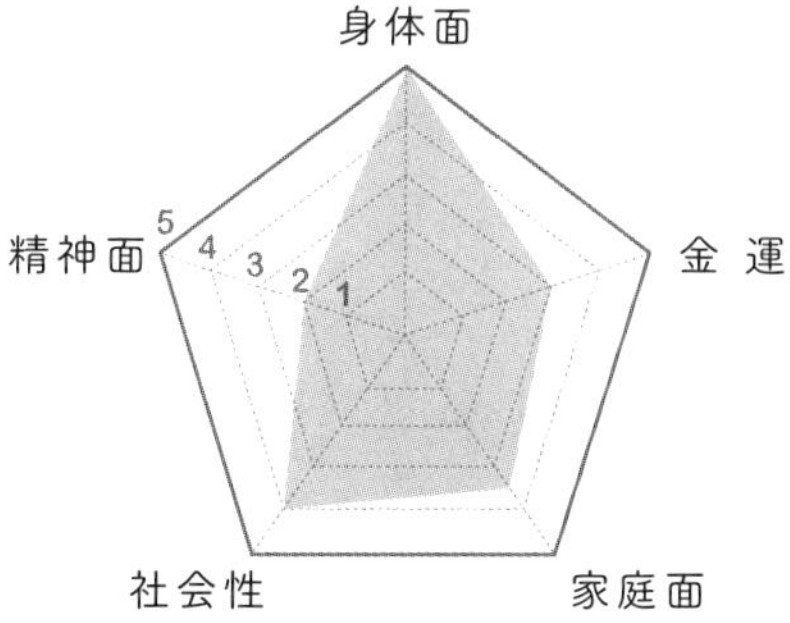

✦特徴

青い嵐のあなたは、とてもエネルギッシュでパワフルです。元気はつらつ、活気に満ちあふれていて、人一倍強い向上心を持っています。好きなものへのエネルギーは半端ありません。嵐のように周りを巻き込み、大きな渦を生み出すのです。平凡で単調な毎日を過ごすより、変化のある人生を好みます。変化に強い紋章なので、時代の大きな変革や人生の転換期にも、勇敢に立ち向かっていきます。思い立ったら即行動！　あなたの突然の行動が、周囲を振り回してしまうことも多々あります。

また、火の力も持つため、周囲に大きな影響を与えます。火は人々にとって、とても身近なものですよね。この火と同じく、この紋章を持つ人は自らの魅力を全開にして人々を感化し、周りと協力しながら、ひとつのことを大きくおし進めていきます。ただし、やりすぎには注意。火の調節を間違うと火事になり、周囲を焼き尽くしてしまうからです。

キャンプファイヤーなどで火の近くにいたり、花火などの火を眺めたり、温かくおいしい食事をとったりすると、元気になって直感が冴え、アイデアやインスピレーションがわいてきます。行動を起こすと即効果が現れるところがあります。

台風や嵐など、通常では「ちょっと怖いな」と思うことでも「来るなら来い！」という気持ちでむしろ心を高ぶらせるかも。「雨降って地固まる」ということわざのように、台風一過の青空を想像して楽しめるところがあります。

✧恋愛・結婚

自分をよく理解してくれる人や、美味しい食事をともにできる人に惹かれます。とても純粋で「この人！」と思うと一途に気持ちを伝えます。

基本的にアクティブ。つき合ったり、一緒に生活をしたりするなかで、突然の変更や思いつきで行動することもあります。これも相手に喜んでもらいたいという一心なのです。ただし、それがいきすぎてあまりに自分の意見ばかり押し通そうとすると、相手から理解してもらえなくなるので、注意が必要です。

働き者なので、仕事と恋や家庭との両立ができる人も多いです。家族を巻き込んでのお出かけやパーティなども大好き。アットホームな一面もあるため、家族と楽しい時間を過ごせそうですね。

嵐の恋は予測不可能な一面も。予期せぬ出会いから情熱的な恋愛へと発展することもおおいにあります。良き理解者との恋愛結婚は、長きにわたって愛し合える可能性大です。

◆行動・思考のクセ

たまに、「あれ？　ここはどこ？」と勘違いや思い込みをしてしまうため、早合点には注意です。

情熱を激しく燃やしたかと思ったら、次の瞬間パッと冷めてしまう、なんてこともあります。

勝手なマイナスの思い込みがはじまると、ネガティブ思考の嵐の渦に巻き込まれ、最終的には火が消えたように暗く落ち込みます。いったんそうなると、復活するまでには時間がかかります。「もうどうでもいい！」「誰もわかってくれない」と拗《す》ねて、投げやりになることもしばしば。周りが気を遣わざるを得ないほどの落ち込みようです。

また、突然、突拍子もない行動に出て、周囲を驚かせることもあります。感情的になり、怒りとともに周囲からは理解できないような衝動的な行動を起こすことも。そんなときは、大抵うまくいきません。周りに理解してもらうためには、しっかり説明し、わかってもらえる努力をすることも必要です。

もともと、あなたの思考と行動は、周りを元気づけ、勇気づけることができるのです。そのプラス面をおおいに活かしていきましょう。

◆向く仕事

基本的に働き者なので、どのようなことでも一生懸命頑張ります。改革者、革命家など、大きな変革を遂行することが得意です。

また、なにかを復活させたり、起き上がらせたりするなど、自分以外の誰かに力を与えられるので、職種というより人や社会が元気になる事業に携わるといいでしょう。

お金の出入りがダイナミックです。使うときは使う、稼ぐときは稼ぐというように大きな流れでお金を扱うことが金運アップにつながります。ただし、まとまった資金が必要なことも多いので、日頃からある程度の貯蓄をしておいたほうがいいでしょう。

自己投資にもお金は惜しまず使いましょう。大きなリターンが返ってくるはずです。

ただし、勝手な思い込みで「これをしたから絶対うまくいく」とお金を出したことだけに満足して、その後の努力を怠っていると痛い目にあうでしょう。

✦お金の縁

あなたが得た学びを周りの人にも積極的に共有し、いい意味での嵐を起こしましょう。気持ちが不安定になると、見栄を張り衝動買いが多くなります。それをおさえるためには、日頃よりメンタルを安定させることをおすすめします。

自分へのご褒美は、とびっきりのエネルギーの源になるでしょう。

◆人間関係

この紋章の良さを理解してもらうには、少し時間がかかるかもしれません。エネルギッシュでパワフル、ストイックな一面もあるため、近づきにくい印象もありますが、素直で正直でどこかおっちょこちょいなところがチャーミングでもあります。

自分を理解してくれる人とはスムーズにコミュニケーションが取れますが、自分を理解してくれないとつい感情的になり、嵐が吹き荒れることも。周りを元気づけているはずが、逆に周囲から元気をもらっていることになりかねません。

好循環をもたらせるよう、自分からまず相手を理解する努力をすることで、いい人間関係が構築されるでしょう。

◆健康

嵐のような毎日を過ごしているため、休憩を取ることが大切です。常に交感神経が働いているので、質の良い睡眠と栄養バランスの取れた食事は大切です。美味しいものが大好きで美食家でもあるため、元気がないときはあなたの大好物をぜひ食べましょう。すぐにエネルギーチャージされるはずです。ただし、食べすぎには注意です。

財運アップに効く！

ラッキーアイテム 台所製品

ラッキーカラー ロイヤルパープル

ラッキーブランド ミッソーニ、ヤヌーク、ＺＡＲＡ、アディダス、ブライトリング、スワロフスキー、クライスラー、ＳＫ-Ⅱ、ヤマト運輸、セルフォード、日産、ベントレー、フィアット、ランコム、メルカリ

ラッキー絵画（画家） ミケランジェロ、ミレー、パウル・クレー、藤城清治、ダリ、アンディ・ウォーホル、ゴヤ、奈良美智

おすすめ神社

熊野大社（島根県）……火起こしの素戔嗚尊《すさのおのみこと》

荒神山《こうじんやま》神社（滋賀県）……台所の神様

阿蘇神社（熊本県）……情熱の火を起こしてくれる

太陽の紋章

20

黄色い太陽

圧倒的な存在感で人々を魅了する、
アイドル的存在

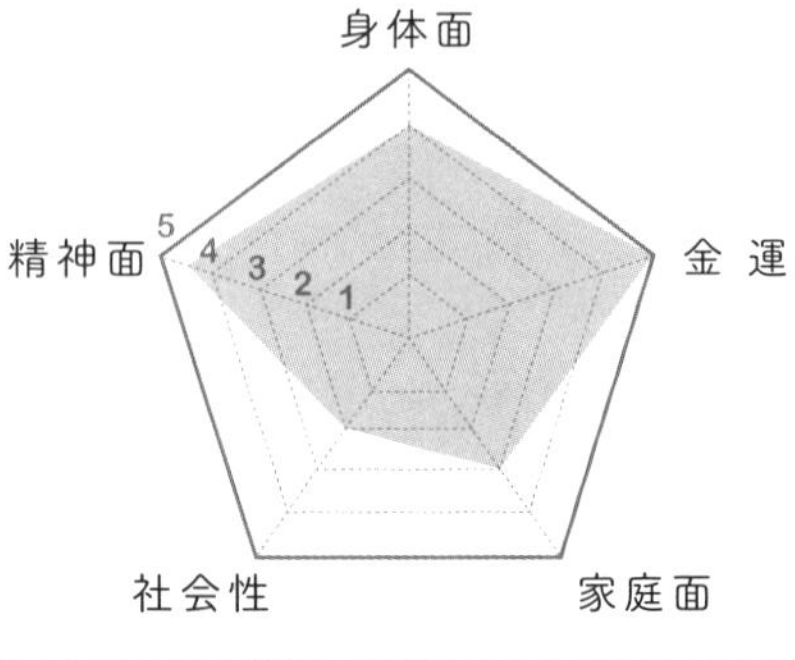

◆特徴

黄色い太陽のあなたは、圧倒的な存在感を放つ存在。太陽は生命の源。太陽がもたらすエネルギーは、私たち生きものに恵みをもたらしてくれます。それと同じく、太陽のエネルギーが届く場所にいるだけで暖かく穏やかな空気になり、その場が明るくなります。凛《りん》とした出で立ちとどっしりとした態度に、人々は安心感を覚えるのです。

太陽がどんな人も平等に照らすように、誰に対しても平等に接することができます。好き嫌いはもちろんありますが、それを超えた人間愛を持っているのです。困っている人を、見て見ぬふりはできません。

嘘や隠し事が大嫌い。一本芯が通っていて、一貫性があります。何事も包み隠さずホンネで話すので、信頼も厚く、頼りになる存在です。

人からお願いされたり、任されたりすることで本領を発揮します。太陽は常に誰かを照らし勇気づけ光を与えていますが、この紋章の人も常に「与える人」なのです。自ら経験や学びを重ねるうちに、深みを増していき、やがて豊かさを手に入れることができます。

たまにエネルギーダウンすると、愚痴が出ることもあります。そんなときには自分にご褒美をあげてくださいね。

また、本番に強い人が多いです。「うまくいくか、いかないか」ではなく、「やるしかない！」「考えるよりまず行動！」と常に前向きに考えることができるので、本番では楽しむことができるのです。「自分なら絶対に成し遂げられる」という強い思いがあるため、いざというときにその強さが出てきます。

過去に大きなトラウマを抱えている人も多いですが、太陽の力で表には決して見せません。そんなところも、人生の主人公として光り輝く一因なのかもしれません。

◆恋愛・結婚

隠し事のない恋愛をします。自分に嘘がなく、正々堂々と恋愛を楽しむため、不倫や浮気、隠れて会わないといけないような恋愛は大の苦手です。そんな状況に陥ると、雲に隠れた太陽のようにパワーダウンして、枯れていきます。不倫や浮気をしても、嘘がつけないのですぐバレます。歳の差や年齢はあまり気にしません。ただし、人としてしっかりしている相手を望みます。「自分が選んだ人だから」と自信を持って恋愛し、結婚へと向かうことができるのです。明けない夜はない。必ず太陽は昇ってきます。どんなことも二人で乗り越えることができる人であれば、すぐに結婚へと向かっていくでしょう。

笑顔が絶えない人との出会いは大切に。太陽のもとで元気に動き回るような、健康的なおつき合いができる人とは、長続きするでしょう。

◆行動・思考のクセ

頑固な一面が出ると、人の意見や助言に耳を傾けなくなります。

プライドが邪魔して、誰かにとやかく言われたくない、人に指図されたくない、と機嫌が悪くなることもあるでしょう。冗談が通じないところもあります。

物事を、なんでも自分の都合のいいように解釈する傾向もあるため注意が必要です。

また、本来は平等なつき合いができますが、ときどき誰かと比較して優劣をつけたくなる衝動に駆られることもあります。

滅多なことでは怒りませんが、不義理な人、ルーズな人を見かけるとたちまち怒りが爆発します。必要以上に見返りを求めると、暑苦しく見苦しく見られるだけです。

常に感謝されるような行動を心がけましょう。

◆向く仕事

とにかく目立ちますから、アイドル、歌手など、舞台の上で活躍するでしょう。経営者や管理職など、トップに立って人を動かす仕事や、リーダーとして人を引っ張っていくことも得意。先生や講師など、自分が経験したことを上手にわかりやすく教えることも向いています。

◆お金の縁

「すべてに感謝する」。この一言に尽きます。何事も当たり前だと思わずに、些細なことでも感謝し、言葉で伝える。「ありがとう」「おかげさまで」が口グセになったとき、お金の巡りも良くなります。基本的にお金にご縁のある紋章なので、もしお金と仲良くなれていないのなら感謝が足りていないということかもしれません。

また、自分の持っているものを、思う存分誰かに与えることができたとき、金運は高まります。自分の責任を全うすることで、気づいたらお金がついてきた、というパターンもあるでしょう。

それともうひとつ、誰かの協力を得ることができたとき、大きな成功の鍵を手にすることができるでしょう。そのためにも、人の意見にはしっかりと耳を傾けましょう。

◆人間関係

人との和を大切にし、一人ひとりと大切におつき合いをします。交友関係も広く、人脈もあります。裏切りや対立も多々ありますが、来るもの拒まず去るもの追わず。細かいことは気にしません。

人として一番嫌いなのは無視されること。自分の存在がなかったとされることがもっとも苦痛です。

仲間の中心、家族のセンターに位置することも多く、リーダーシップを発揮します。ただし、やりすぎると自己中心的になり、周囲の人たちをコントロールしたいと考えるように。そうなると誰もついてきません。

自然に笑顔になれる人との人間関係が一番自然で、一番長続きする関係です。

◆健康

太陽をたっぷり浴びた野菜やフルーツなどを、積極的に取りましょう。また、自分自身も太陽をたっぷり浴びて1日をスタートさせる習慣を持つと、一気に健康になります。嘘や秘密を抱え込むとお腹が痛くなるなど、胃腸に異常をきたすので注意が必要です。

財運アップに効く！

ラッキーアイテム キャンドル

ラッキーカラー ゴールド

ラッキーブランド ケイト・スペード、ドルチェ&ガッバーナ、ビームス、KENZO、フォルクスワーゲン

ラッキー絵画（画家） ウィリアム・ターナー、ポロック、上村松園、橋本雅邦、クロード・モネ、アドルフ・ブグロー

おすすめ神社

伊勢神宮（三重県）……太陽を象徴する天照大神を祀る
吉備津彦《きびつひこ》神社（岡山県）……大舞台、注目、個性の発揮
籠《この》神社（京都府）……「元伊勢」と呼ばれ、伊勢神宮の元宮

4章

あなたの過去・現在・未来のマヤバースデーを見つけよう!

過去・現在・未来のマヤカレンダー

マヤバースデーは年に1、2回、「太陽の紋章」の日は20日に1回（例：赤い龍　1、21、41……221、241）、「音」の日は13日に1回（例：音4　4、17、30……238、251）巡ってきます。これらは**パワーの高まる日**です。

あなた自身、そしてあなたの家族や大切な人のマヤバースデーや音の日がいつになるのかを把握して、活用しましょう（自分の「音」は106と107ページでわかります）。

また、過去のそれらの日を見ると、**自分の運命を変える出来事**があった場合が多いです。「あの出来事には何の意味があったのかな？」と理由をひも解くツールにもなります。

また、音1と音13の日がいつかがわかると、新しいことをはじめる日（音1の日）、やめたいことを最後にする日（音13の日）などを決めるのに役立ちます。

音1の日には次ページからのカレンダーに **濃いグレー** 、音13の日には **薄いグレー** をつけています。

- 音1の日……1、14、27、40、53、66、79、92、105、118、131、144、157、170、183、196、209、222、235、248
- 音13の日……13、26、39、52、65、78、91、104、117、130、143、156、169、182、195、208、221、234、247、260

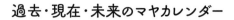

2019年

…音1の日　…音13の日

日＼月	1月	2月	3月	4月	5月	6月	7月	8月	9月	10月	11月	12月
1日	68	99	127	158	188	219	249	20	51	81	112	142
2日	69	100	128	159	189	220	250	21	52	82	113	143
3日	70	101	129	160	190	221	251	22	53	83	114	144
4日	71	102	130	161	191	222	252	23	54	84	115	145
5日	72	103	131	162	192	223	253	24	55	85	116	146
6日	73	104	132	163	193	224	254	25	56	86	117	147
7日	74	105	133	164	194	225	255	26	57	87	118	148
8日	75	106	134	165	195	226	256	27	58	88	119	149
9日	76	107	135	166	196	227	257	28	59	89	120	150
10日	77	108	136	167	197	228	258	29	60	90	121	151
11日	78	109	137	168	198	229	259	30	61	91	122	152
12日	79	110	138	169	199	230	260	31	62	92	123	153
13日	80	111	139	170	200	231	1	32	63	93	124	154
14日	81	112	140	171	201	232	2	33	64	94	125	155
15日	82	113	141	172	202	233	3	34	65	95	126	156
16日	83	114	142	173	203	234	4	35	66	96	127	157
17日	84	115	143	174	204	235	5	36	67	97	128	158
18日	85	116	144	175	205	236	6	37	68	98	129	159
19日	86	117	145	176	206	237	7	38	69	99	130	160
20日	87	118	146	177	207	238	8	39	70	100	131	161
21日	88	119	147	178	208	239	9	40	71	101	132	162
22日	89	120	148	179	209	240	10	41	72	102	133	163
23日	90	121	149	180	210	241	11	42	73	103	134	164
24日	91	122	150	181	211	242	12	43	74	104	135	165
25日	92	123	151	182	212	243	13	44	75	105	136	166
26日	93	124	152	183	213	244	14	45	76	106	137	167
27日	94	125	153	184	214	245	15	46	77	107	138	168
28日	95	126	154	185	215	246	16	47	78	108	139	169
29日	96		155	186	216	247	17	48	79	109	140	170
30日	97		156	187	217	248	18	49	80	110	141	171
31日	98		157		218		19	50		111		172

2020年

…音1の日　…音13の日

日＼月	1月	2月	3月	4月	5月	6月	7月	8月	9月	10月	11月	12月
1日	173	204	232	3	33	64	94	125	156	186	217	247
2日	174	205	233	4	34	65	95	126	157	187	218	248
3日	175	206	234	5	35	66	96	127	158	188	219	249
4日	176	207	235	6	36	67	97	128	159	189	220	250
5日	177	208	236	7	37	68	98	129	160	190	221	251
6日	178	209	237	8	38	69	99	130	161	191	222	252
7日	179	210	238	9	39	70	100	131	162	192	223	253
8日	180	211	239	10	40	71	101	132	163	193	224	254
9日	181	212	240	11	41	72	102	133	164	194	225	255
10日	182	213	241	12	42	73	103	134	165	195	226	256
11日	183	214	242	13	43	74	104	135	166	196	227	257
12日	184	215	243	14	44	75	105	136	167	197	228	258
13日	185	216	244	15	45	76	106	137	168	198	229	259
14日	186	217	245	16	46	77	107	138	169	199	230	260
15日	187	218	246	17	47	78	108	139	170	200	231	1
16日	188	219	247	18	48	79	109	140	171	201	232	2
17日	189	220	248	19	49	80	110	141	172	202	233	3
18日	190	221	249	20	50	81	111	142	173	203	234	4
19日	191	222	250	21	51	82	112	143	174	204	235	5
20日	192	223	251	22	52	83	113	144	175	205	236	6
21日	193	224	252	23	53	84	114	145	176	206	237	7
22日	194	225	253	24	54	85	115	146	177	207	238	8
23日	195	226	254	25	55	86	116	147	178	208	239	9
24日	196	227	255	26	56	87	117	148	179	209	240	10
25日	197	228	256	27	57	88	118	149	180	210	241	11
26日	198	229	257	28	58	89	119	150	181	211	242	12
27日	199	230	258	29	59	90	120	151	182	212	243	13
28日	200	231	259	30	60	91	121	152	183	213	244	14
29日	201	231	260	31	61	92	122	153	184	214	245	15
30日	202		1	32	62	93	123	154	185	215	246	16
31日	203		2		63		124	155		216		17

2021年

…音1の日　…音13の日

日＼月	1月	2月	3月	4月	5月	6月	7月	8月	9月	10月	11月	12月
1日	18	49	77	108	138	169	199	230	1	31	62	92
2日	19	50	78	109	139	170	200	231	2	32	63	93
3日	20	51	79	110	140	171	201	232	3	33	64	94
4日	21	52	80	111	141	172	202	233	4	34	65	95
5日	22	53	81	112	142	173	203	234	5	35	66	96
6日	23	54	82	113	143	174	204	235	6	36	67	97
7日	24	55	83	114	144	175	205	236	7	37	68	98
8日	25	56	84	115	145	176	206	237	8	38	69	99
9日	26	57	85	116	146	177	207	238	9	39	70	100
10日	27	58	86	117	147	178	208	239	10	40	71	101
11日	28	59	87	118	148	179	209	240	11	41	72	102
12日	29	60	88	119	149	180	210	241	12	42	73	103
13日	30	61	89	120	150	181	211	242	13	43	74	104
14日	31	62	90	121	151	182	212	243	14	44	75	105
15日	32	63	91	122	152	183	213	244	15	45	76	106
16日	33	64	92	123	153	184	214	245	16	46	77	107
17日	34	65	93	124	154	185	215	246	17	47	78	108
18日	35	66	94	125	155	186	216	247	18	48	79	109
19日	36	67	95	126	156	187	217	248	19	49	80	110
20日	37	68	96	127	157	188	218	249	20	50	81	111
21日	38	69	97	128	158	189	219	250	21	51	82	112
22日	39	70	98	129	159	190	220	251	22	52	83	113
23日	40	71	99	130	160	191	221	252	23	53	84	114
24日	41	72	100	131	161	192	222	253	24	54	85	115
25日	42	73	101	132	162	193	223	254	25	55	86	116
26日	43	74	102	133	163	194	224	255	26	56	87	117
27日	44	75	103	134	164	195	225	256	27	57	88	118
28日	45	76	104	135	165	196	226	257	28	58	89	119
29日	46		105	136	166	197	227	258	29	59	90	120
30日	47		106	137	167	198	228	259	30	60	91	121
31日	48		107		168		229	260		61		122

2022年

…音1の日　…音13の日

日＼月	1月	2月	3月	4月	5月	6月	7月	8月	9月	10月	11月	12月
1日	123	154	182	213	243	14	44	75	106	136	167	197
2日	124	155	183	214	244	15	45	76	107	137	168	198
3日	125	156	184	215	245	16	46	77	108	138	169	199
4日	126	157	185	216	246	17	47	78	109	139	170	200
5日	127	158	186	217	247	18	48	79	110	140	171	201
6日	128	159	187	218	248	19	49	80	111	141	172	202
7日	129	160	188	219	249	20	50	81	112	142	173	203
8日	130	161	189	220	250	21	51	82	113	143	174	204
9日	131	162	190	221	251	22	52	83	114	144	175	205
10日	132	163	191	222	252	23	53	84	115	145	176	206
11日	133	164	192	223	253	24	54	85	116	146	177	207
12日	134	165	193	224	254	25	55	86	117	147	178	208
13日	135	166	194	225	255	26	56	87	118	148	179	209
14日	136	167	195	226	256	27	57	88	119	149	180	210
15日	137	168	196	227	257	28	58	89	120	150	181	211
16日	138	169	197	228	258	29	59	90	121	151	182	212
17日	139	170	198	229	259	30	60	91	122	152	183	213
18日	140	171	199	230	260	31	61	92	123	153	184	214
19日	141	172	200	231	1	32	62	93	124	154	185	215
20日	142	173	201	232	2	33	63	94	125	155	186	216
21日	143	174	202	233	3	34	64	95	126	156	187	217
22日	144	175	203	234	4	35	65	96	127	157	188	218
23日	145	176	204	235	5	36	66	97	128	158	189	219
24日	146	177	205	236	6	37	67	98	129	159	190	220
25日	147	178	206	237	7	38	68	99	130	160	191	221
26日	148	179	207	238	8	39	69	100	131	161	192	222
27日	149	180	208	239	9	40	70	101	132	162	193	223
28日	150	181	209	240	10	41	71	102	133	163	194	224
29日	151		210	241	11	42	72	103	134	164	195	225
30日	152		211	242	12	43	73	104	135	165	196	226
31日	153		212		13		74	105		166		227

2023年

■…音1の日　■…音13の日

日＼月	1月	2月	3月	4月	5月	6月	7月	8月	9月	10月	11月	12月
1日	228	259	27	58	88	119	149	180	211	241	12	42
2日	229	260	28	59	89	120	150	181	212	242	13	43
3日	230	1	29	60	90	121	151	182	213	243	14	44
4日	231	2	30	61	91	122	152	183	214	244	15	45
5日	232	3	31	62	92	123	153	184	215	245	16	46
6日	233	4	32	63	93	124	154	185	216	246	17	47
7日	234	5	33	64	94	125	155	186	217	247	18	48
8日	235	6	34	65	95	126	156	187	218	248	19	49
9日	236	7	35	66	96	127	157	188	219	249	20	50
10日	237	8	36	67	97	128	158	189	220	250	21	51
11日	238	9	37	68	98	129	159	190	221	251	22	52
12日	239	10	38	69	99	130	160	191	222	252	23	53
13日	240	11	39	70	100	131	161	192	223	253	24	54
14日	241	12	40	71	101	132	162	193	224	254	25	55
15日	242	13	41	72	102	133	163	194	225	255	26	56
16日	243	14	42	73	103	134	164	195	226	256	27	57
17日	244	15	43	74	104	135	165	196	227	257	28	58
18日	245	16	44	75	105	136	166	197	228	258	29	59
19日	246	17	45	76	106	137	167	198	229	259	30	60
20日	247	18	46	77	107	138	168	199	230	260	31	61
21日	248	19	47	78	108	139	169	200	231	1	32	62
22日	249	20	48	79	109	140	170	201	232	2	33	63
23日	250	21	49	80	110	141	171	202	233	3	34	64
24日	251	22	50	81	111	142	172	203	234	4	35	65
25日	252	23	51	82	112	143	173	204	235	5	36	66
26日	253	24	52	83	113	144	174	205	236	6	37	67
27日	254	25	53	84	114	145	175	206	237	7	38	68
28日	255	26	54	85	115	146	176	207	238	8	39	69
29日	256		55	86	116	147	177	208	239	9	40	70
30日	257		56	87	117	148	178	209	240	10	41	71
31日	258		57		118		179	210		11		72

2024年

■…音1の日　■…音13の日

日＼月	1月	2月	3月	4月	5月	6月	7月	8月	9月	10月	11月	12月
1日	73	104	132	163	193	224	254	25	56	86	117	147
2日	74	105	133	164	194	225	255	26	57	87	118	148
3日	75	106	134	165	195	226	256	27	58	88	119	149
4日	76	107	135	166	196	227	257	28	59	89	120	150
5日	77	108	136	167	197	228	258	29	60	90	121	151
6日	78	109	137	168	198	229	259	30	61	91	122	152
7日	79	110	138	169	199	230	260	31	62	92	123	153
8日	80	111	139	170	200	231	1	32	63	93	124	154
9日	81	112	140	171	201	232	2	33	64	94	125	155
10日	82	113	141	172	202	233	3	34	65	95	126	156
11日	83	114	142	173	203	234	4	35	66	96	127	157
12日	84	115	143	174	204	235	5	36	67	97	128	158
13日	85	116	144	175	205	236	6	37	68	98	129	159
14日	86	117	145	176	206	237	7	38	69	99	130	160
15日	87	118	146	177	207	238	8	39	70	100	131	161
16日	88	119	147	178	208	239	9	40	71	101	132	162
17日	89	120	148	179	209	240	10	41	72	102	133	163
18日	90	121	149	180	210	241	11	42	73	103	134	164
19日	91	122	150	181	211	242	12	43	74	104	135	165
20日	92	123	151	182	212	243	13	44	75	105	136	166
21日	93	124	152	183	213	244	14	45	76	106	137	167
22日	94	125	153	184	214	245	15	46	77	107	138	168
23日	95	126	154	185	215	246	16	47	78	108	139	169
24日	96	127	155	186	216	247	17	48	79	109	140	170
25日	97	128	156	187	217	248	18	49	80	110	141	171
26日	98	129	157	188	218	249	19	50	81	111	142	172
27日	99	130	158	189	219	250	20	51	82	112	143	173
28日	100	131	159	190	220	251	21	52	83	113	144	174
29日	101	131	160	191	221	252	22	53	84	114	145	175
30日	102		161	192	222	253	23	54	85	115	146	176
31日	103		162		223		24	55		116		177

2025年

…音1の日　…音13の日

日＼月	1月	2月	3月	4月	5月	6月	7月	8月	9月	10月	11月	12月
1日	178	209	237	8	38	69	99	130	161	191	222	252
2日	179	210	238	9	39	70	100	131	162	192	223	253
3日	180	211	239	10	40	71	101	132	163	193	224	254
4日	181	212	240	11	41	72	102	133	164	194	225	255
5日	182	213	241	12	42	73	103	134	165	195	226	256
6日	183	214	242	13	43	74	104	135	166	196	227	257
7日	184	215	243	14	44	75	105	136	167	197	228	258
8日	185	216	244	15	45	76	106	137	168	198	229	259
9日	186	217	245	16	46	77	107	138	169	199	230	260
10日	187	218	246	17	47	78	108	139	170	200	231	1
11日	188	219	247	18	48	79	109	140	171	201	232	2
12日	189	220	248	19	49	80	110	141	172	202	233	3
13日	190	221	249	20	50	81	111	142	173	203	234	4
14日	191	222	250	21	51	82	112	143	174	204	235	5
15日	192	223	251	22	52	83	113	144	175	205	236	6
16日	193	224	252	23	53	84	114	145	176	206	237	7
17日	194	225	253	24	54	85	115	146	177	207	238	8
18日	195	226	254	25	55	86	116	147	178	208	239	9
19日	196	227	255	26	56	87	117	148	179	209	240	10
20日	197	228	256	27	57	88	118	149	180	210	241	11
21日	198	229	257	28	58	89	119	150	181	211	242	12
22日	199	230	258	29	59	90	120	151	182	212	243	13
23日	200	231	259	30	60	91	121	152	183	213	244	14
24日	201	232	260	31	61	92	122	153	184	214	245	15
25日	202	233	1	32	62	93	123	154	185	215	246	16
26日	203	234	2	33	63	94	124	155	186	216	247	17
27日	204	235	3	34	64	95	125	156	187	217	248	18
28日	205	236	4	35	65	96	126	157	188	218	249	19
29日	206		5	36	66	97	127	158	189	219	250	20
30日	207		6	37	67	98	128	159	190	220	251	21
31日	208		7		68		129	160		221		22

2026年

…音1の日　…音13の日

日＼月	1月	2月	3月	4月	5月	6月	7月	8月	9月	10月	11月	12月
1日	23	54	82	113	143	174	204	235	6	36	67	97
2日	24	55	83	114	144	175	205	236	7	37	68	98
3日	25	56	84	115	145	176	206	237	8	38	69	99
4日	26	57	85	116	146	177	207	238	9	39	70	100
5日	27	58	86	117	147	178	208	239	10	40	71	101
6日	28	59	87	118	148	179	209	240	11	41	72	102
7日	29	60	88	119	149	180	210	241	12	42	73	103
8日	30	61	89	120	150	181	211	242	13	43	74	104
9日	31	62	90	121	151	182	212	243	14	44	75	105
10日	32	63	91	122	152	183	213	244	15	45	76	106
11日	33	64	92	123	153	184	214	245	16	46	77	107
12日	34	65	93	124	154	185	215	246	17	47	78	108
13日	35	66	94	125	155	186	216	247	18	48	79	109
14日	36	67	95	126	156	187	217	248	19	49	80	110
15日	37	68	96	127	157	188	218	249	20	50	81	111
16日	38	69	97	128	158	189	219	250	21	51	82	112
17日	39	70	98	129	159	190	220	251	22	52	83	113
18日	40	71	99	130	160	191	221	252	23	53	84	114
19日	41	72	100	131	161	192	222	253	24	54	85	115
20日	42	73	101	132	162	193	223	254	25	55	86	116
21日	43	74	102	133	163	194	224	255	26	56	87	117
22日	44	75	103	134	164	195	225	256	27	57	88	118
23日	45	76	104	135	165	196	226	257	28	58	89	119
24日	46	77	105	136	166	197	227	258	29	59	90	120
25日	47	78	106	137	167	198	228	259	30	60	91	121
26日	48	79	107	138	168	199	229	260	31	61	92	122
27日	49	80	108	139	169	200	230	1	32	62	93	123
28日	50	81	109	140	170	201	231	2	33	63	94	124
29日	51		110	141	171	202	232	3	34	64	95	125
30日	52		111	142	172	203	233	4	35	65	96	126
31日	53		112		173		234	5		66		127

2027年

■…音1の日　■…音13の日

日＼月	1月	2月	3月	4月	5月	6月	7月	8月	9月	10月	11月	12月
1日	128	159	187	218	248	19	49	80	111	141	172	202
2日	129	160	188	219	249	20	50	81	112	142	173	203
3日	130	161	189	220	250	21	51	82	113	143	174	204
4日	131	162	190	221	251	22	52	83	114	144	175	205
5日	132	163	191	222	252	23	53	84	115	145	176	206
6日	133	164	192	223	253	24	54	85	116	146	177	207
7日	134	165	193	224	254	25	55	86	117	147	178	208
8日	135	166	194	225	255	26	56	87	118	148	179	209
9日	136	167	195	226	256	27	57	88	119	149	180	210
10日	137	168	196	227	257	28	58	89	120	150	181	211
11日	138	169	197	228	258	29	59	90	121	151	182	212
12日	139	170	198	229	259	30	60	91	122	152	183	213
13日	140	171	199	230	260	31	61	92	123	153	184	214
14日	141	172	200	231	1	32	62	93	124	154	185	215
15日	142	173	201	232	2	33	63	94	125	155	186	216
16日	143	174	202	233	3	34	64	95	126	156	187	217
17日	144	175	203	234	4	35	65	96	127	157	188	218
18日	145	176	204	235	5	36	66	97	128	158	189	219
19日	146	177	205	236	6	37	67	98	129	159	190	220
20日	147	178	206	237	7	38	68	99	130	160	191	221
21日	148	179	207	238	8	39	69	100	131	161	192	222
22日	149	180	208	239	9	40	70	101	132	162	193	223
23日	150	181	209	240	10	41	71	102	133	163	194	224
24日	151	182	210	241	11	42	72	103	134	164	195	225
25日	152	183	211	242	12	43	73	104	135	165	196	226
26日	153	184	212	243	13	44	74	105	136	166	197	227
27日	154	185	213	244	14	45	75	106	137	167	198	228
28日	155	186	214	245	15	46	76	107	138	168	199	229
29日	156		215	246	16	47	77	108	139	169	200	230
30日	157		216	247	17	48	78	109	140	170	201	231
31日	158		217		18		79	110		171		232

2028年

■…音1の日　■…音13の日

日＼月	1月	2月	3月	4月	5月	6月	7月	8月	9月	10月	11月	12月
1日	233	4	32	63	93	124	154	185	216	246	17	47
2日	234	5	33	64	94	125	155	186	217	247	18	48
3日	235	6	34	65	95	126	156	187	218	248	19	49
4日	236	7	35	66	96	127	157	188	219	249	20	50
5日	237	8	36	67	97	128	158	189	220	250	21	51
6日	238	9	37	68	98	129	159	190	221	251	22	52
7日	239	10	38	69	99	130	160	191	222	252	23	53
8日	240	11	39	70	100	131	161	192	223	253	24	54
9日	241	12	40	71	101	132	162	193	224	254	25	55
10日	242	13	41	72	102	133	163	194	225	255	26	56
11日	243	14	42	73	103	134	164	195	226	256	27	57
12日	244	15	43	74	104	135	165	196	227	257	28	58
13日	245	16	44	75	105	136	166	197	228	258	29	59
14日	246	17	45	76	106	137	167	198	229	259	30	60
15日	247	18	46	77	107	138	168	199	230	260	31	61
16日	248	19	47	78	108	139	169	200	231	1	32	62
17日	249	20	48	79	109	140	170	201	232	2	33	63
18日	250	21	49	80	110	141	171	202	233	3	34	64
19日	251	22	50	81	111	142	172	203	234	4	35	65
20日	252	23	51	82	112	143	173	204	235	5	36	66
21日	253	24	52	83	113	144	174	205	236	6	37	67
22日	254	25	53	84	114	145	175	206	237	7	38	68
23日	255	26	54	85	115	146	176	207	238	8	39	69
24日	256	27	55	86	116	147	177	208	239	9	40	70
25日	257	28	56	87	117	148	178	209	240	10	41	71
26日	258	29	57	88	118	149	179	210	241	11	42	72
27日	259	30	58	89	119	150	180	211	242	12	43	73
28日	260	31	59	90	120	151	181	212	243	13	44	74
29日	1	31	60	91	121	152	182	213	244	14	45	75
30日	2		61	92	122	153	183	214	245	15	46	76
31日	3		62		123		184	215		16		77

2029年

…音1の日　…音13の日

日/月	1月	2月	3月	4月	5月	6月	7月	8月	9月	10月	11月	12月
1日	78	109	137	168	198	229	259	30	61	91	122	152
2日	79	110	138	169	199	230	260	31	62	92	123	153
3日	80	111	139	170	200	231	1	32	63	93	124	154
4日	81	112	140	171	201	232	2	33	64	94	125	155
5日	82	113	141	172	202	233	3	34	65	95	126	156
6日	83	114	142	173	203	234	4	35	66	96	127	157
7日	84	115	143	174	204	235	5	36	67	97	128	158
8日	85	116	144	175	205	236	6	37	68	98	129	159
9日	86	117	145	176	206	237	7	38	69	99	130	160
10日	87	118	146	177	207	238	8	39	70	100	131	161
11日	88	119	147	178	208	239	9	40	71	101	132	162
12日	89	120	148	179	209	240	10	41	72	102	133	163
13日	90	121	149	180	210	241	11	42	73	103	134	164
14日	91	122	150	181	211	242	12	43	74	104	135	165
15日	92	123	151	182	212	243	13	44	75	105	136	166
16日	93	124	152	183	213	244	14	45	76	106	137	167
17日	94	125	153	184	214	245	15	46	77	107	138	168
18日	95	126	154	185	215	246	16	47	78	108	139	169
19日	96	127	155	186	216	247	17	48	79	109	140	170
20日	97	128	156	187	217	248	18	49	80	110	141	171
21日	98	129	157	188	218	249	19	50	81	111	142	172
22日	99	130	158	189	219	250	20	51	82	112	143	173
23日	100	131	159	190	220	251	21	52	83	113	144	174
24日	101	132	160	191	221	252	22	53	84	114	145	175
25日	102	133	161	192	222	253	23	54	85	115	146	176
26日	103	134	162	193	223	254	24	55	86	116	147	177
27日	104	135	163	194	224	255	25	56	87	117	148	178
28日	105	136	164	195	225	256	26	57	88	118	149	179
29日	106		165	196	226	257	27	58	89	119	150	180
30日	107		166	197	227	258	28	59	90	120	151	181
31日	108		167		228		29	60		121		182

2030年

…音1の日　…音13の日

日/月	1月	2月	3月	4月	5月	6月	7月	8月	9月	10月	11月	12月
1日	183	214	242	13	43	74	104	135	166	196	227	257
2日	184	215	243	14	44	75	105	136	167	197	228	258
3日	185	216	244	15	45	76	106	137	168	198	229	259
4日	186	217	245	16	46	77	107	138	169	199	230	260
5日	187	218	246	17	47	78	108	139	170	200	231	1
6日	188	219	247	18	48	79	109	140	171	201	232	2
7日	189	220	248	19	49	80	110	141	172	202	233	3
8日	190	221	249	20	50	81	111	142	173	203	234	4
9日	191	222	250	21	51	82	112	143	174	204	235	5
10日	192	223	251	22	52	83	113	144	175	205	236	6
11日	193	224	252	23	53	84	114	145	176	206	237	7
12日	194	225	253	24	54	85	115	146	177	207	238	8
13日	195	226	254	25	55	86	116	147	178	208	239	9
14日	196	227	255	26	56	87	117	148	179	209	240	10
15日	197	228	256	27	57	88	118	149	180	210	241	11
16日	198	229	257	28	58	89	119	150	181	211	242	12
17日	199	230	258	29	59	90	120	151	182	212	243	13
18日	200	231	259	30	60	91	121	152	183	213	244	14
19日	201	232	260	31	61	92	122	153	184	214	245	15
20日	202	233	1	32	62	93	123	154	185	215	246	16
21日	203	234	2	33	63	94	124	155	186	216	247	17
22日	204	235	3	34	64	95	125	156	187	217	248	18
23日	205	236	4	35	65	96	126	157	188	218	249	19
24日	206	237	5	36	66	97	127	158	189	219	250	20
25日	207	238	6	37	67	98	128	159	190	220	251	21
26日	208	239	7	38	68	99	129	160	191	221	252	22
27日	209	240	8	39	69	100	130	161	192	222	253	23
28日	210	241	9	40	70	101	131	162	193	223	254	24
29日	211		10	41	71	102	132	163	194	224	255	25
30日	212		11	42	72	103	133	164	195	225	256	26
31日	213		12		73		134	165		226		27

2031年

…音1の日　…音13の日

日＼月	1月	2月	3月	4月	5月	6月	7月	8月	9月	10月	11月	12月
1日	28	59	87	118	148	179	209	240	11	41	72	102
2日	29	60	88	119	149	180	210	241	12	42	73	103
3日	30	61	89	120	150	181	211	242	13	43	74	104
4日	31	62	90	121	151	182	212	243	14	44	75	105
5日	32	63	91	122	152	183	213	244	15	45	76	106
6日	33	64	92	123	153	184	214	245	16	46	77	107
7日	34	65	93	124	154	185	215	246	17	47	78	108
8日	35	66	94	125	155	186	216	247	18	48	79	109
9日	36	67	95	126	156	187	217	248	19	49	80	110
10日	37	68	96	127	157	188	218	249	20	50	81	111
11日	38	69	97	128	158	189	219	250	21	51	82	112
12日	39	70	98	129	159	190	220	251	22	52	83	113
13日	40	71	99	130	160	191	221	252	23	53	84	114
14日	41	72	100	131	161	192	222	253	24	54	85	115
15日	42	73	101	132	162	193	223	254	25	55	86	116
16日	43	74	102	133	163	194	224	255	26	56	87	117
17日	44	75	103	134	164	195	225	256	27	57	88	118
18日	45	76	104	135	165	196	226	257	28	58	89	119
19日	46	77	105	136	166	197	227	258	29	59	90	120
20日	47	78	106	137	167	198	228	259	30	60	91	121
21日	48	79	107	138	168	199	229	260	31	61	92	122
22日	49	80	108	139	169	200	230	1	32	62	93	123
23日	50	81	109	140	170	201	231	2	33	63	94	124
24日	51	82	110	141	171	202	232	3	34	64	95	125
25日	52	83	111	142	172	203	233	4	35	65	96	126
26日	53	84	112	143	173	204	234	5	36	66	97	127
27日	54	85	113	144	174	205	235	6	37	67	98	128
28日	55	86	114	145	175	206	236	7	38	68	99	129
29日	56		115	146	176	207	237	8	39	69	100	130
30日	57		116	147	177	208	238	9	40	70	101	131
31日	58		117		178		239	10		71		132

2032年

…音1の日　…音13の日

日＼月	1月	2月	3月	4月	5月	6月	7月	8月	9月	10月	11月	12月
1日	133	164	192	223	253	24	54	85	116	146	177	207
2日	134	165	193	224	254	25	55	86	117	147	178	208
3日	135	166	194	225	255	26	56	87	118	148	179	209
4日	136	167	195	226	256	27	57	88	119	149	180	210
5日	137	168	196	227	257	28	58	89	120	150	181	211
6日	138	169	197	228	258	29	59	90	121	151	182	212
7日	139	170	198	229	259	30	60	91	122	152	183	213
8日	140	171	199	230	260	31	61	92	123	153	184	214
9日	141	172	200	231	1	32	62	93	124	154	185	215
10日	142	173	201	232	2	33	63	94	125	155	186	216
11日	143	174	202	233	3	34	64	95	126	156	187	217
12日	144	175	203	234	4	35	65	96	127	157	188	218
13日	145	176	204	235	5	36	66	97	128	158	189	219
14日	146	177	205	236	6	37	67	98	129	159	190	220
15日	147	178	206	237	7	38	68	99	130	160	191	221
16日	148	179	207	238	8	39	69	100	131	161	192	222
17日	149	180	208	239	9	40	70	101	132	162	193	223
18日	150	181	209	240	10	41	71	102	133	163	194	224
19日	151	182	210	241	11	42	72	103	134	164	195	225
20日	152	183	211	242	12	43	73	104	135	165	196	226
21日	153	184	212	243	13	44	74	105	136	166	197	227
22日	154	185	213	244	14	45	75	106	137	167	198	228
23日	155	186	214	245	15	46	76	107	138	168	199	229
24日	156	187	215	246	16	47	77	108	139	169	200	230
25日	157	188	216	247	17	48	78	109	140	170	201	231
26日	158	189	217	248	18	49	79	110	141	171	202	232
27日	159	190	218	249	19	50	80	111	142	172	203	233
28日	160	191	219	250	20	51	81	112	143	173	204	234
29日	161	191	220	251	21	52	82	113	144	174	205	235
30日	162		221	252	22	53	83	114	145	175	206	236
31日	163		222		23		84	115		176		237

2033年

■…音1の日　■…音13の日

日／月	1月	2月	3月	4月	5月	6月	7月	8月	9月	10月	11月	12月
1日	238	9	37	68	98	129	159	190	221	251	22	52
2日	239	10	38	69	99	130	160	191	222	252	23	53
3日	240	11	39	70	100	131	161	192	223	253	24	54
4日	241	12	40	71	101	132	162	193	224	254	25	55
5日	242	13	41	72	102	133	163	194	225	255	26	56
6日	243	14	42	73	103	134	164	195	226	256	27	57
7日	244	15	43	74	104	135	165	196	227	257	28	58
8日	245	16	44	75	105	136	166	197	228	258	29	59
9日	246	17	45	76	106	137	167	198	229	259	30	60
10日	247	18	46	77	107	138	168	199	230	260	31	61
11日	248	19	47	78	108	139	169	200	231	1	32	62
12日	249	20	48	79	109	140	170	201	232	2	33	63
13日	250	21	49	80	110	141	171	202	233	3	34	64
14日	251	22	50	81	111	142	172	203	234	4	35	65
15日	252	23	51	82	112	143	173	204	235	5	36	66
16日	253	24	52	83	113	144	174	205	236	6	37	67
17日	254	25	53	84	114	145	175	206	237	7	38	68
18日	255	26	54	85	115	146	176	207	238	8	39	69
19日	256	27	55	86	116	147	177	208	239	9	40	70
20日	257	28	56	87	117	148	178	209	240	10	41	71
21日	258	29	57	88	118	149	179	210	241	11	42	72
22日	259	30	58	89	119	150	180	211	242	12	43	73
23日	260	31	59	90	120	151	181	212	243	13	44	74
24日	1	32	60	91	121	152	182	213	244	14	45	75
25日	2	33	61	92	122	153	183	214	245	15	46	76
26日	3	34	62	93	123	154	184	215	246	16	47	77
27日	4	35	63	94	124	155	185	216	247	17	48	78
28日	5	36	64	95	125	156	186	217	248	18	49	79
29日	6		65	96	126	157	187	218	249	19	50	80
30日	7		66	97	127	158	188	219	250	20	51	81
31日	8		67		128		189	220		21		82

2034年

■…音1の日　■…音13の日

日／月	1月	2月	3月	4月	5月	6月	7月	8月	9月	10月	11月	12月
1日	83	114	142	173	203	234	4	35	66	96	127	157
2日	84	115	143	174	204	235	5	36	67	97	128	158
3日	85	116	144	175	205	236	6	37	68	98	129	159
4日	86	117	145	176	206	237	7	38	69	99	130	160
5日	87	118	146	177	207	238	8	39	70	100	131	161
6日	88	119	147	178	208	239	9	40	71	101	132	162
7日	89	120	148	179	209	240	10	41	72	102	133	163
8日	90	121	149	180	210	241	11	42	73	103	134	164
9日	91	122	150	181	211	242	12	43	74	104	135	165
10日	92	123	151	182	212	243	13	44	75	105	136	166
11日	93	124	152	183	213	244	14	45	76	106	137	167
12日	94	125	153	184	214	245	15	46	77	107	138	168
13日	95	126	154	185	215	246	16	47	78	108	139	169
14日	96	127	155	186	216	247	17	48	79	109	140	170
15日	97	128	156	187	217	248	18	49	80	110	141	171
16日	98	129	157	188	218	249	19	50	81	111	142	172
17日	99	130	158	189	219	250	20	51	82	112	143	173
18日	100	131	159	190	220	251	21	52	83	113	144	174
19日	101	132	160	191	221	252	22	53	84	114	145	175
20日	102	133	161	192	222	253	23	54	85	115	146	176
21日	103	134	162	193	223	254	24	55	86	116	147	177
22日	104	135	163	194	224	255	25	56	87	117	148	178
23日	105	136	164	195	225	256	26	57	88	118	149	179
24日	106	137	165	196	226	257	27	58	89	119	150	180
25日	107	138	166	197	227	258	28	59	90	120	151	181
26日	108	139	167	198	228	259	29	60	91	121	152	182
27日	109	140	168	199	229	260	30	61	92	122	153	183
28日	110	141	169	200	230	1	31	62	93	123	154	184
29日	111		170	201	231	2	32	63	94	124	155	185
30日	112		171	202	232	3	33	64	95	125	156	186
31日	113		172		233		34	65		126		187

2035年

…音1の日　…音13の日

日＼月	1月	2月	3月	4月	5月	6月	7月	8月	9月	10月	11月	12月
1日	188	219	247	18	48	79	109	140	171	201	232	2
2日	189	220	248	19	49	80	110	141	172	202	233	3
3日	190	221	249	20	50	81	111	142	173	203	234	4
4日	191	222	250	21	51	82	112	143	174	204	235	5
5日	192	223	251	22	52	83	113	144	175	205	236	6
6日	193	224	252	23	53	84	114	145	176	206	237	7
7日	194	225	253	24	54	85	115	146	177	207	238	8
8日	195	226	254	25	55	86	116	147	178	208	239	9
9日	196	227	255	26	56	87	117	148	179	209	240	10
10日	197	228	256	27	57	88	118	149	180	210	241	11
11日	198	229	257	28	58	89	119	150	181	211	242	12
12日	199	230	258	29	59	90	120	151	182	212	243	13
13日	200	231	259	30	60	91	121	152	183	213	244	14
14日	201	232	260	31	61	92	122	153	184	214	245	15
15日	202	233	1	32	62	93	123	154	185	215	246	16
16日	203	234	2	33	63	94	124	155	186	216	247	17
17日	204	235	3	34	64	95	125	156	187	217	248	18
18日	205	236	4	35	65	96	126	157	188	218	249	19
19日	206	237	5	36	66	97	127	158	189	219	250	20
20日	207	238	6	37	67	98	128	159	190	220	251	21
21日	208	239	7	38	68	99	129	160	191	221	252	22
22日	209	240	8	39	69	100	130	161	192	222	253	23
23日	210	241	9	40	70	101	131	162	193	223	254	24
24日	211	242	10	41	71	102	132	163	194	224	255	25
25日	212	243	11	42	72	103	133	164	195	225	256	26
26日	213	244	12	43	73	104	134	165	196	226	257	27
27日	214	245	13	44	74	105	135	166	197	227	258	28
28日	215	246	14	45	75	106	136	167	198	228	259	29
29日	216		15	46	76	107	137	168	199	229	260	30
30日	217		16	47	77	108	138	169	200	230	1	31
31日	218		17		78		139	170		231		32

2036年

…音1の日　…音13の日

日＼月	1月	2月	3月	4月	5月	6月	7月	8月	9月	10月	11月	12月
1日	33	64	92	123	153	184	214	245	16	46	77	107
2日	34	65	93	124	154	185	215	246	17	47	78	108
3日	35	66	94	125	155	186	216	247	18	48	79	109
4日	36	67	95	126	156	187	217	248	19	49	80	110
5日	37	68	96	127	157	188	218	249	20	50	81	111
6日	38	69	97	128	158	189	219	250	21	51	82	112
7日	39	70	98	129	159	190	220	251	22	52	83	113
8日	40	71	99	130	160	191	221	252	23	53	84	114
9日	41	72	100	131	161	192	222	253	24	54	85	115
10日	42	73	101	132	162	193	223	254	25	55	86	116
11日	43	74	102	133	163	194	224	255	26	56	87	117
12日	44	75	103	134	164	195	225	256	27	57	88	118
13日	45	76	104	135	165	196	226	257	28	58	89	119
14日	46	77	105	136	166	197	227	258	29	59	90	120
15日	47	78	106	137	167	198	228	259	30	60	91	121
16日	48	79	107	138	168	199	229	260	31	61	92	122
17日	49	80	108	139	169	200	230	1	32	62	93	123
18日	50	81	109	140	170	201	231	2	33	63	94	124
19日	51	82	110	141	171	202	232	3	34	64	95	125
20日	52	83	111	142	172	203	233	4	35	65	96	126
21日	53	84	112	143	173	204	234	5	36	66	97	127
22日	54	85	113	144	174	205	235	6	37	67	98	128
23日	55	86	114	145	175	206	236	7	38	68	99	129
24日	56	87	115	146	176	207	237	8	39	69	100	130
25日	57	88	116	147	177	208	238	9	40	70	101	131
26日	58	89	117	148	178	209	239	10	41	71	102	132
27日	59	90	118	149	179	210	240	11	42	72	103	133
28日	60	91	119	150	180	211	241	12	43	73	104	134
29日	61	91	120	151	181	212	242	13	44	74	105	135
30日	62		121	152	182	213	243	14	45	75	106	136
31日	63		122		183		244	15		76		137

2037年

…音1の日　…音13の日

日＼月	1月	2月	3月	4月	5月	6月	7月	8月	9月	10月	11月	12月
1日	138	169	197	228	258	29	59	90	121	151	182	212
2日	139	170	198	229	259	30	60	91	122	152	183	213
3日	140	171	199	230	260	31	61	92	123	153	184	214
4日	141	172	200	231	1	32	62	93	124	154	185	215
5日	142	173	201	232	2	33	63	94	125	155	186	216
6日	143	174	202	233	3	34	64	95	126	156	187	217
7日	144	175	203	234	4	35	65	96	127	157	188	218
8日	145	176	204	235	5	36	66	97	128	158	189	219
9日	146	177	205	236	6	37	67	98	129	159	190	220
10日	147	178	206	237	7	38	68	99	130	160	191	221
11日	148	179	207	238	8	39	69	100	131	161	192	222
12日	149	180	208	239	9	40	70	101	132	162	193	223
13日	150	181	209	240	10	41	71	102	133	163	194	224
14日	151	182	210	241	11	42	72	103	134	164	195	225
15日	152	183	211	242	12	43	73	104	135	165	196	226
16日	153	184	212	243	13	44	74	105	136	166	197	227
17日	154	185	213	244	14	45	75	106	137	167	198	228
18日	155	186	214	245	15	46	76	107	138	168	199	229
19日	156	187	215	246	16	47	77	108	139	169	200	230
20日	157	188	216	247	17	48	78	109	140	170	201	231
21日	158	189	217	248	18	49	79	110	141	171	202	232
22日	159	190	218	249	19	50	80	111	142	172	203	233
23日	160	191	219	250	20	51	81	112	143	173	204	234
24日	161	192	220	251	21	52	82	113	144	174	205	235
25日	162	193	221	252	22	53	83	114	145	175	206	236
26日	163	194	222	253	23	54	84	115	146	176	207	237
27日	164	195	223	254	24	55	85	116	147	177	208	238
28日	165	196	224	255	25	56	86	117	148	178	209	239
29日	166		225	256	26	57	87	118	149	179	210	240
30日	167		226	257	27	58	88	119	150	180	211	241
31日	168		227		28		89	120		181		242

2038年

…音1の日　…音13の日

日＼月	1月	2月	3月	4月	5月	6月	7月	8月	9月	10月	11月	12月
1日	243	14	42	73	103	134	164	195	226	256	27	57
2日	244	15	43	74	104	135	165	196	227	257	28	58
3日	245	16	44	75	105	136	166	197	228	258	29	59
4日	246	17	45	76	106	137	167	198	229	259	30	60
5日	247	18	46	77	107	138	168	199	230	260	31	61
6日	248	19	47	78	108	139	169	200	231	1	32	62
7日	249	20	48	79	109	140	170	201	232	2	33	63
8日	250	21	49	80	110	141	171	202	233	3	34	64
9日	251	22	50	81	111	142	172	203	234	4	35	65
10日	252	23	51	82	112	143	173	204	235	5	36	66
11日	253	24	52	83	113	144	174	205	236	6	37	67
12日	254	25	53	84	114	145	175	206	237	7	38	68
13日	255	26	54	85	115	146	176	207	238	8	39	69
14日	256	27	55	86	116	147	177	208	239	9	40	70
15日	257	28	56	87	117	148	178	209	240	10	41	71
16日	258	29	57	88	118	149	179	210	241	11	42	72
17日	259	30	58	89	119	150	180	211	242	12	43	73
18日	260	31	59	90	120	151	181	212	243	13	44	74
19日	1	32	60	91	121	152	182	213	244	14	45	75
20日	2	33	61	92	122	153	183	214	245	15	46	76
21日	3	34	62	93	123	154	184	215	246	16	47	77
22日	4	35	63	94	124	155	185	216	247	17	48	78
23日	5	36	64	95	125	156	186	217	248	18	49	79
24日	6	37	65	96	126	157	187	218	249	19	50	80
25日	7	38	66	97	127	158	188	219	250	20	51	81
26日	8	39	67	98	128	159	189	220	251	21	52	82
27日	9	40	68	99	129	160	190	221	252	22	53	83
28日	10	41	69	100	130	161	191	222	253	23	54	84
29日	11		70	101	131	162	192	223	254	24	55	85
30日	12		71	102	132	163	193	224	255	25	56	86
31日	13		72		133		194	225		26		87

2039年　　…音1の日　…音13の日

日＼月	1月	2月	3月	4月	5月	6月	7月	8月	9月	10月	11月	12月
1日	88	119	147	178	208	239	9	40	71	101	132	162
2日	89	120	148	179	209	240	10	41	72	102	133	163
3日	90	121	149	180	210	241	11	42	73	103	134	164
4日	91	122	150	181	211	242	12	43	74	104	135	165
5日	92	123	151	182	212	243	13	44	75	105	136	166
6日	93	124	152	183	213	244	14	45	76	106	137	167
7日	94	125	153	184	214	245	15	46	77	107	138	168
8日	95	126	154	185	215	246	16	47	78	108	139	169
9日	96	127	155	186	216	247	17	48	79	109	140	170
10日	97	128	156	187	217	248	18	49	80	110	141	171
11日	98	129	157	188	218	249	19	50	81	111	142	172
12日	99	130	158	189	219	250	20	51	82	112	143	173
13日	100	131	159	190	220	251	21	52	83	113	144	174
14日	101	132	160	191	221	252	22	53	84	114	145	175
15日	102	133	161	192	222	253	23	54	85	115	146	176
16日	103	134	162	193	223	254	24	55	86	116	147	177
17日	104	135	163	194	224	255	25	56	87	117	148	178
18日	105	136	164	195	225	256	26	57	88	118	149	179
19日	106	137	165	196	226	257	27	58	89	119	150	180
20日	107	138	166	197	227	258	28	59	90	120	151	181
21日	108	139	167	198	228	259	29	60	91	121	152	182
22日	109	140	168	199	229	260	30	61	92	122	153	183
23日	110	141	169	200	230	1	31	62	93	123	154	184
24日	111	142	170	201	231	2	32	63	94	124	155	185
25日	112	143	171	202	232	3	33	64	95	125	156	186
26日	113	144	172	203	233	4	34	65	96	126	157	187
27日	114	145	173	204	234	5	35	66	97	127	158	188
28日	115	146	174	205	235	6	36	67	98	128	159	189
29日	116		175	206	236	7	37	68	99	129	160	190
30日	117		176	207	237	8	38	69	100	130	161	191
31日	118		177		238		39	70		131		192

2040年　　…音1の日　…音13の日

日＼月	1月	2月	3月	4月	5月	6月	7月	8月	9月	10月	11月	12月
1日	193	224	252	23	53	84	114	145	176	206	237	7
2日	194	225	253	24	54	85	115	146	177	207	238	8
3日	195	226	254	25	55	86	116	147	178	208	239	9
4日	196	227	255	26	56	87	117	148	179	209	240	10
5日	197	228	256	27	57	88	118	149	180	210	241	11
6日	198	229	257	28	58	89	119	150	181	211	242	12
7日	199	230	258	29	59	90	120	151	182	212	243	13
8日	200	231	259	30	60	91	121	152	183	213	244	14
9日	201	232	260	31	61	92	122	153	184	214	245	15
10日	202	233	1	32	62	93	123	154	185	215	246	16
11日	203	234	2	33	63	94	124	155	186	216	247	17
12日	204	235	3	34	64	95	125	156	187	217	248	18
13日	205	236	4	35	65	96	126	157	188	218	249	19
14日	206	237	5	36	66	97	127	158	189	219	250	20
15日	207	238	6	37	67	98	128	159	190	220	251	21
16日	208	239	7	38	68	99	129	160	191	221	252	22
17日	209	240	8	39	69	100	130	161	192	222	253	23
18日	210	241	9	40	70	101	131	162	193	223	254	24
19日	211	242	10	41	71	102	132	163	194	224	255	25
20日	212	243	11	42	72	103	133	164	195	225	256	26
21日	213	244	12	43	73	104	134	165	196	226	257	27
22日	214	245	13	44	74	105	135	166	197	227	258	28
23日	215	246	14	45	75	106	136	167	198	228	259	29
24日	216	247	15	46	76	107	137	168	199	229	260	30
25日	217	248	16	47	77	108	138	169	200	230	1	31
26日	218	249	17	48	78	109	139	170	201	231	2	32
27日	219	250	18	49	79	110	140	171	202	232	3	33
28日	220	251	19	50	80	111	141	172	203	233	4	34
29日	221	251	20	51	81	112	142	173	204	234	5	35
30日	222		21	52	82	113	143	174	205	235	6	36
31日	223		22		83		144	175		236		37

2041年

■…音1の日　■…音13の日

日＼月	1月	2月	3月	4月	5月	6月	7月	8月	9月	10月	11月	12月
1日	38	69	97	128	158	189	219	250	21	51	82	112
2日	39	70	98	129	159	190	220	251	22	52	83	113
3日	40	71	99	130	160	191	221	252	23	53	84	114
4日	41	72	100	131	161	192	222	253	24	54	85	115
5日	42	73	101	132	162	193	223	254	25	55	86	116
6日	43	74	102	133	163	194	224	255	26	56	87	117
7日	44	75	103	134	164	195	225	256	27	57	88	118
8日	45	76	104	135	165	196	226	257	28	58	89	119
9日	46	77	105	136	166	197	227	258	29	59	90	120
10日	47	78	106	137	167	198	228	259	30	60	91	121
11日	48	79	107	138	168	199	229	260	31	61	92	122
12日	49	80	108	139	169	200	230	1	32	62	93	123
13日	50	81	109	140	170	201	231	2	33	63	94	124
14日	51	82	110	141	171	202	232	3	34	64	95	125
15日	52	83	111	142	172	203	233	4	35	65	96	126
16日	53	84	112	143	173	204	234	5	36	66	97	127
17日	54	85	113	144	174	205	235	6	37	67	98	128
18日	55	86	114	145	175	206	236	7	38	68	99	129
19日	56	87	115	146	176	207	237	8	39	69	100	130
20日	57	88	116	147	177	208	238	9	40	70	101	131
21日	58	89	117	148	178	209	239	10	41	71	102	132
22日	59	90	118	149	179	210	240	11	42	72	103	133
23日	60	91	119	150	180	211	241	12	43	73	104	134
24日	61	92	120	151	181	212	242	13	44	74	105	135
25日	62	93	121	152	182	213	243	14	45	75	106	136
26日	63	94	122	153	183	214	244	15	46	76	107	137
27日	64	95	123	154	184	215	245	16	47	77	108	138
28日	65	96	124	155	185	216	246	17	48	78	109	139
29日	66		125	156	186	217	247	18	49	79	110	140
30日	67		126	157	187	218	248	19	50	80	111	141
31日	68		127		188		249	20		81		142

2042年

■…音1の日　■…音13の日

日＼月	1月	2月	3月	4月	5月	6月	7月	8月	9月	10月	11月	12月
1日	143	174	202	233	3	34	64	95	126	156	187	217
2日	144	175	203	234	4	35	65	96	127	157	188	218
3日	145	176	204	235	5	36	66	97	128	158	189	219
4日	146	177	205	236	6	37	67	98	129	159	190	220
5日	147	178	206	237	7	38	68	99	130	160	191	221
6日	148	179	207	238	8	39	69	100	131	161	192	222
7日	149	180	208	239	9	40	70	101	132	162	193	223
8日	150	181	209	240	10	41	71	102	133	163	194	224
9日	151	182	210	241	11	42	72	103	134	164	195	225
10日	152	183	211	242	12	43	73	104	135	165	196	226
11日	153	184	212	243	13	44	74	105	136	166	197	227
12日	154	185	213	244	14	45	75	106	137	167	198	228
13日	155	186	214	245	15	46	76	107	138	168	199	229
14日	156	187	215	246	16	47	77	108	139	169	200	230
15日	157	188	216	247	17	48	78	109	140	170	201	231
16日	158	189	217	248	18	49	79	110	141	171	202	232
17日	159	190	218	249	19	50	80	111	142	172	203	233
18日	160	191	219	250	20	51	81	112	143	173	204	234
19日	161	192	220	251	21	52	82	113	144	174	205	235
20日	162	193	221	252	22	53	83	114	145	175	206	236
21日	163	194	222	253	23	54	84	115	146	176	207	237
22日	164	195	223	254	24	55	85	116	147	177	208	238
23日	165	196	224	255	25	56	86	117	148	178	209	239
24日	166	197	225	256	26	57	87	118	149	179	210	240
25日	167	198	226	257	27	58	88	119	150	180	211	241
26日	168	199	227	258	28	59	89	120	151	181	212	242
27日	169	200	228	259	29	60	90	121	152	182	213	243
28日	170	201	229	260	30	61	91	122	153	183	214	244
29日	171		230	1	31	62	92	123	154	184	215	245
30日	172		231	2	32	63	93	124	155	185	216	246
31日	173		232		33		94	125		186		247

2043年

■…音1の日　■…音13の日

日＼月	1月	2月	3月	4月	5月	6月	7月	8月	9月	10月	11月	12月
1日	248	19	47	78	108	139	169	200	231	1	32	62
2日	249	20	48	79	109	140	170	201	232	2	33	63
3日	250	21	49	80	110	141	171	202	233	3	34	64
4日	251	22	50	81	111	142	172	203	234	4	35	65
5日	252	23	51	82	112	143	173	204	235	5	36	66
6日	253	24	52	83	113	144	174	205	236	6	37	67
7日	254	25	53	84	114	145	175	206	237	7	38	68
8日	255	26	54	85	115	146	176	207	238	8	39	69
9日	256	27	55	86	116	147	177	208	239	9	40	70
10日	257	28	56	87	117	148	178	209	240	10	41	71
11日	258	29	57	88	118	149	179	210	241	11	42	72
12日	259	30	58	89	119	150	180	211	242	12	43	73
13日	260	31	59	90	120	151	181	212	243	13	44	74
14日	1	32	60	91	121	152	182	213	244	14	45	75
15日	2	33	61	92	122	153	183	214	245	15	46	76
16日	3	34	62	93	123	154	184	215	246	16	47	77
17日	4	35	63	94	124	155	185	216	247	17	48	78
18日	5	36	64	95	125	156	186	217	248	18	49	79
19日	6	37	65	96	126	157	187	218	249	19	50	80
20日	7	38	66	97	127	158	188	219	250	20	51	81
21日	8	39	67	98	128	159	189	220	251	21	52	82
22日	9	40	68	99	129	160	190	221	252	22	53	83
23日	10	41	69	100	130	161	191	222	253	23	54	84
24日	11	42	70	101	131	162	192	223	254	24	55	85
25日	12	43	71	102	132	163	193	224	255	25	56	86
26日	13	44	72	103	133	164	194	225	256	26	57	87
27日	14	45	73	104	134	165	195	226	257	27	58	88
28日	15	46	74	105	135	166	196	227	258	28	59	89
29日	16		75	106	136	167	197	228	259	29	60	90
30日	17		76	107	137	168	198	229	260	30	61	91
31日	18		77		138		199	230		31		92

2044年

■…音1の日　■…音13の日

日＼月	1月	2月	3月	4月	5月	6月	7月	8月	9月	10月	11月	12月
1日	93	124	152	183	213	244	14	45	76	106	137	167
2日	94	125	153	184	214	245	15	46	77	107	138	168
3日	95	126	154	185	215	246	16	47	78	108	139	169
4日	96	127	155	186	216	247	17	48	79	109	140	170
5日	97	128	156	187	217	248	18	49	80	110	141	171
6日	98	129	157	188	218	249	19	50	81	111	142	172
7日	99	130	158	189	219	250	20	51	82	112	143	173
8日	100	131	159	190	220	251	21	52	83	113	144	174
9日	101	132	160	191	221	252	22	53	84	114	145	175
10日	102	133	161	192	222	253	23	54	85	115	146	176
11日	103	134	162	193	223	254	24	55	86	116	147	177
12日	104	135	163	194	224	255	25	56	87	117	148	178
13日	105	136	164	195	225	256	26	57	88	118	149	179
14日	106	137	165	196	226	257	27	58	89	119	150	180
15日	107	138	166	197	227	258	28	59	90	120	151	181
16日	108	139	167	198	228	259	29	60	91	121	152	182
17日	109	140	168	199	229	260	30	61	92	122	153	183
18日	110	141	169	200	230	1	31	62	93	123	154	184
19日	111	142	170	201	231	2	32	63	94	124	155	185
20日	112	143	171	202	232	3	33	64	95	125	156	186
21日	113	144	172	203	233	4	34	65	96	126	157	187
22日	114	145	173	204	234	5	35	66	97	127	158	188
23日	115	146	174	205	235	6	36	67	98	128	159	189
24日	116	147	175	206	236	7	37	68	99	129	160	190
25日	117	148	176	207	237	8	38	69	100	130	161	191
26日	118	149	177	208	238	9	39	70	101	131	162	192
27日	119	150	178	209	239	10	40	71	102	132	163	193
28日	120	151	179	210	240	11	41	72	103	133	164	194
29日	121	151	180	211	241	12	42	73	104	134	165	195
30日	122		181	212	242	13	43	74	105	135	166	196
31日	123		182		243		44	75		136		197

あとがき――「ありがとう！　御財益」と言える人生を

この本を手にして最後まで読んでくださり、本当にありがとうございました！

いかがでしたでしょうか？

自分自身のこと、大切なあの人、大好きなあの人、苦手な人……「そっか！　だからこうなのか。なるほど！」と理解していただけたら、とてもうれしいです。

私自身、勝手な思い込みや、狭い視野でしか物事を見られないところがあって、若い頃はとても苦労しました。そんな中で、マヤ暦の学びと出合って10年。私の人生は180度、好転しました。

幼い頃は「お金さえあれば幸せになれる。お金がなくて貧乏だと、幸せになれない」と思い込んでいました。そのためお金を追い求め、その結果たくさんのお金を手にすることができました。ですが、そこではじめて気づいたことがありました。

それは、私が求めていたものは「金運」ではなく**「財運」**だったということです。

そして、その財運を手に入れることができた今、言えることは「この世は不確かなことばかり。人間関係も健康もお金も、そして社会や愛すらも……。だからこそそれらを確かなものにしたくて、人は悩み迷い、学び続けるのだ」ということです。私は財運を手にするきっかけを見つけ、ただただ素直に実行しただけなのです。何もかもどん底だったあの日。まさか私が、こうして本を出版することができるなんて思ってもいませんでした。まさに財運爆上げです!!

この本に書かれていることは、マヤ暦の世界のほんの一部です。すべてを実行してください、ということではありません。まずは「知らない自分」と対面してほしいのです。きっと新たな発見があることでしょう。そしてそれが驚くような財運を手にするきっかけになることを、あなた自身が体験されることでしょう。

今がどんなに辛くても、苦しくても、大丈夫!!

まずは、本書で紹介したきっかけを、ひとつでもいいのではじめてみてください。その一歩を踏み出す勇気を、お届けできたら幸いです。

これから未来を背負っていく子どもたちへ。あなたたちはすばらしい才能を秘めています。ひとりとして輝かない人はいません。あなたの未来は明るい。自信を持って大きく羽ばたいてね。

そして、大人の皆様へ。時代の過渡期でもある今、あまりにも忙しくて意識が外へ外へと向きがちになっていたり、逆にすべてに無関心になっていないでしょうか。財運の扉を開く鍵は、あなた自身がもうすでに手にしています。

その鍵を一緒に見つけるお手伝いをさせていただけたら嬉しいです。

最後にどん底だったあの日、支えてくれた両親、愛する息子たち。どんなときもそばにいて、励ましてくれた親友の恭子、梓ちゃん。そして私の大切な人生の伴走者、木田景子さん。心からありがとう。愛しています。

今度はぜひ、皆さんとリアルの場（講演会、トークショー）でお会いする日を楽しみにしています！

I'm glad to see you again !

Akemi

本書は、本文庫のために書き下ろされたものです。

マヤ暦《れき》のすごい誕生日《たんじようび》

著者　Akemi（あけみ）
監修者　木田景子（きだ・けいこ）
発行者　押鐘太陽
発行所　株式会社三笠書房
〒102-0072 東京都千代田区飯田橋3-3-1
電話　03-5226-5734（営業部）03-5226-5731（編集部）
https://www.mikasashobo.co.jp
印刷　誠宏印刷
製本　ナショナル製本

ISBN978-4-8379-3072-3 C0130

王様文庫

＼ あなたが「なりたい自分」は？ ／

宇宙に願いを宣言するカード

あなたのマヤバースデーの当日に、
宇宙に「なりたい自分」を遠慮なく宣言しましょう！
裏面のメッセージ欄に「なりたい自分」を書いて、
お守り代わりにお使いください。

illustration　ツルモトマイ